MANUEL DU TRICOT

AVEC TOUTES LES PROPORTIONS DE FABRICATION A LA MAIN

OU AU MÉTIER

INSTRUCTION

DE LA TRICOTEUSE UNIVERSELLE DE J.-P. M.

POUR

FAMILLES & ATELIERS

TABLEAU DE 30 MACHINES PHOTOGRAPHIÉES

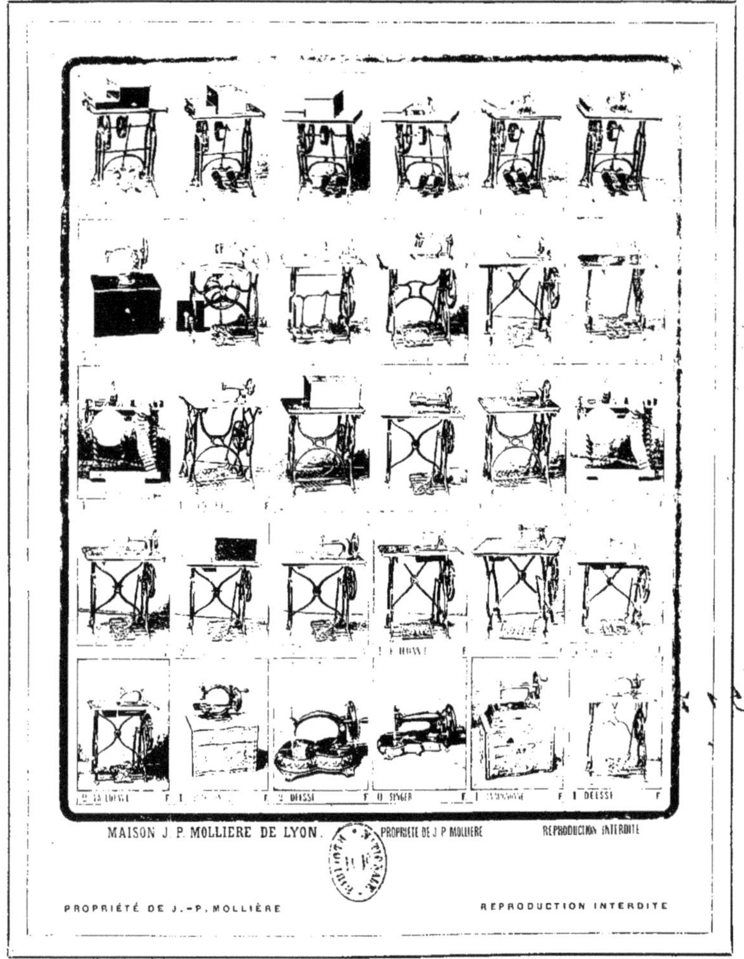

Nous pensons être utile à nos lecteurs en donnant ici ces trente modèles de machines différentes; nous les reproduisons comme étant les plus perfectionnées jusqu'à ce jour.

Demandez ces modèles dans toutes les Agences de la Tricoteuse universelle de J.-P. M.

MANUEL DU TRICOT

AVEC TOUTES LES PROPORTIONS

DE FABRICATION A LA MAIN OU AU MÉTIER

INSTRUCTION

DE LA TRICOTEUSE UNIVERSELLE DE J.-P. M.

POUR

FAMILLES & ATELIERS

CONTENANT :

12 TABLEAUX DE PROPORTIONS ET ORNÉ DE 44 GRAVURES DANS LE TEXTE

PAR

J.-P. MOLLIÈRE

Membre de l'Académie nationale de Paris. — Inventeur et Fabricant b. s. g. d. g. 30 fois en France et à l'Étranger

BREVETS (PATENTED) OBTENUS EN AMÉRIQUE

12 juin 1855. — 3 juillet 1855
13 novembre 1855. — 27 novembre 1855. — 11 décembre 1855. — 18 décembre 1855. 18 janvier 1856.
22 janvier 1856. 10 septembre 1867 — 21 juillet 1868
1er décembre 1868. — 6 juillet 1869.

RÉCOMPENSES OBTENUES EN FRANCE

1853. Dipl. d'honneur de la Société des Sciences de Paris. — 1860. 1er prix. Méd. d'arg.
1865. 1er prix. Méd. spéc. du Ministère. — 1865. 1er prix. Méd. d'or.
1867. 1er prix. Méd. d'or. 1870. 1er prix. Méd. d'or. 1873. Diplôme de l'Acad. nationale de Paris.

LYON

EN VENTE CHEZ TOUS LES LIBRAIRES

1873

INTRODUCTION

La *Tricoteuse universelle de J. P. M.* est d'une construction si simple et si ingénieuse qu'en une ou deux leçons au plus, on peut apprendre à s'en servir avantageusement. De plus, la présente Instruction illustrée donne toutes les explications nécessaires pour exécuter tous les dessins de tricot qui y sont contenus. Des tableaux renfermant plusieurs n^os de bas, depuis le bas de la plus petite poupée jusqu'au bas de la plus forte taille, indiquent la manière de les fabriquer toujours semblables avec réductions ou augmentations, sans faire aucun calcul.

Voici un extrait d'un journal de Lyon, du 24 janvier 1873, appréciant à sa juste valeur cette merveilleuse machine qui fera certainement d'ici peu de temps une révolution complète dans la fabrication du tricot.

« Ce n'est qu'après un examen des plus sérieux et d'après l'opinion d'hommes du métier dont la compétence ne saurait être mise en doute que nous nous décidons à présenter à nos lecteurs cette merveille qui est appelée, selon nous, à révolutionner le tricotage au métier.

« La *Tricoteuse universelle de J. P. M.* comble une lacune très-importante; elle est appelée à détruire en partie le monopole des grands ateliers, créés à force de capitaux en permettant à toutes les familles et aux petits commerçants qui en feront certainement leur métier, d'avoir chez eux et à peu de frais, un engin qui peut, par son ingénieuse disposition, très-simple et d'un entretien nul, remplacer avec un immense avantage et un bénéfice marqué, les achats que l'on fait généralement en bonneterie et qui mieux est, le tricot à la main.

« Quoi de plus simple..... vous voulez des bas ou des chaussettes, notre tricoteuse familière vous fait en moins d'une heure une paire de ces dernières et en deux heures une paire de bas diminués, y compris la pointe et le talon n'ayant aucune différence avec le tricot à la main, attendu que la maille est absolument identique et le travail plus régulier et plus élastique.

« Sont-ce des bas diminués ou non, des chaussettes, des franges, des dentelles, des passementeries, des châles, des couvertures, des tricots à jour, des chaussons, capelines, gilets, pantoufles, bretelles, gants, corsets, jupons, tapis, bonnets, bérets, casquettes, etc., etc.; enfin, tous les travaux de bonneterie avec tous les genres de dessins et de couleurs selon votre désir, la nouvelle machine s'empresse de vous satisfaire. Que vous lui donniez de la laine, du coton, de la soie ou du lin, tout est bon à cette petite fée du tricot qui se servant de fils de n'importe quelle qualité, grosseurs ou finesse vous permet encore, en véritable et économe ménagère, d'utiliser tous ceux que vous possédez dans les vieux rticots.

« Et n'allez pas croire qu'avec ses nombreuses qualités elle soit turbulente, orgueilleuse et tapageuse..... Non, rien de tout cela. Elle travaille sans bruit et sans fatigue, et la place qu'elle occupe est si minime qu'elle se fixe sur n'importe quelle table, pourvu qu'elle soit solide; elle a l'avantage en outre de pouvoir se fixer sur la même table que celle déjà occupée par une machine à coudre. On a de cette façon deux métiers ensemble. »

Nous n'ajoutons rien à cet extrait qui résume en peu de mots tout ce qu'on peut dire de la *Tricoteuse universelle de J. P. M.*

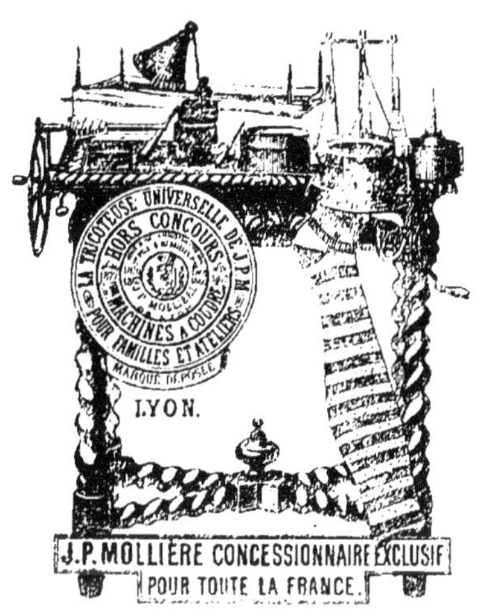

Toute machine *véritable J.-P. M.* porte la *marque de fabrique déposée*, consistant en une médaille en cuivre doré appliquée sur le cylindre mobile.

LA TRICOTEUSE UNIVERSELLE DE J.-P. M.

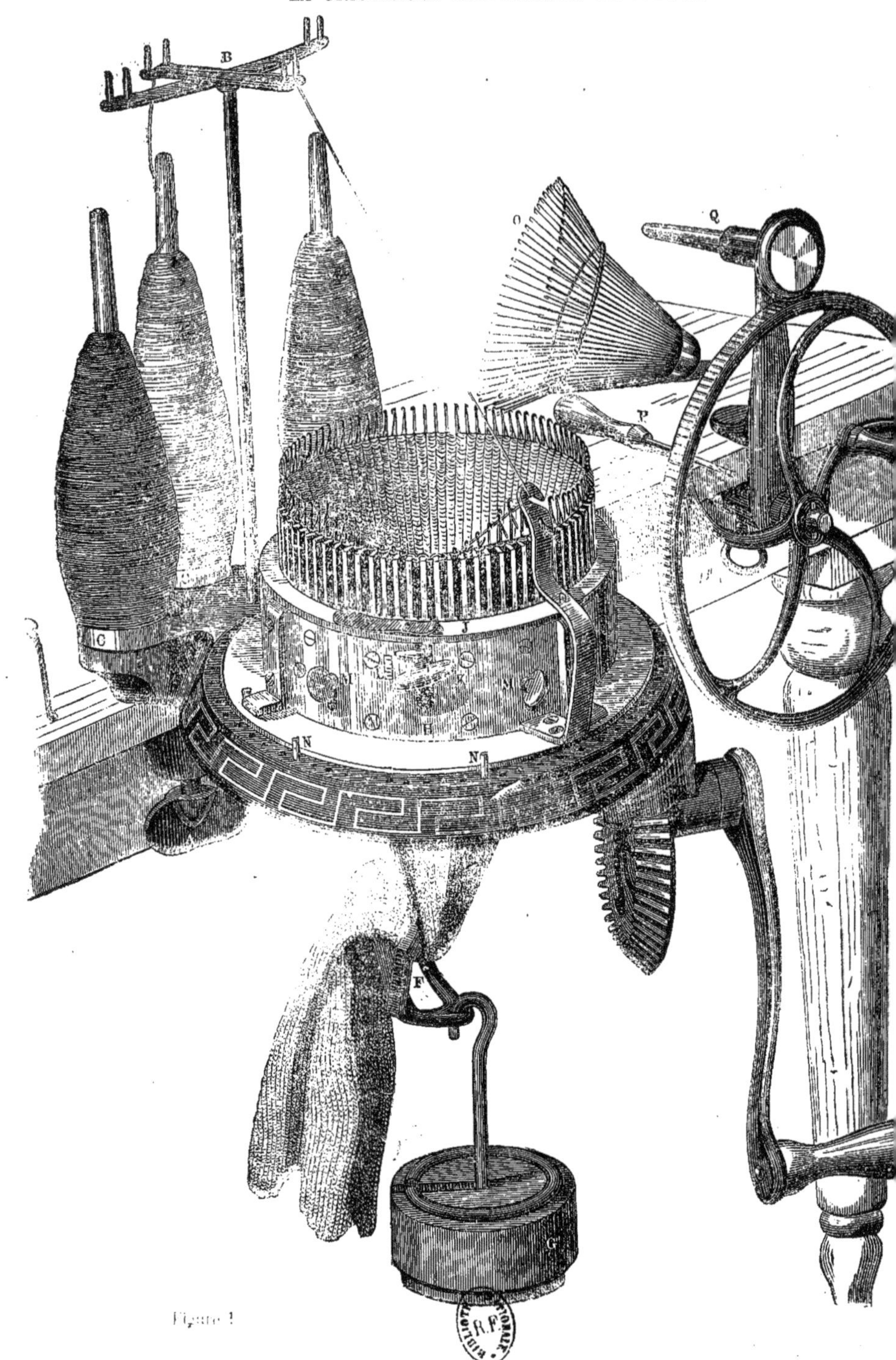

Figure 1

LÉGENDE DES PIÈCES

DE LA

TRICOTEUSE UNIVERSELLE DE J.-P. M.

A Vis servant à fixer la machine sur une table.

B Support du fil portant 8 chevilles aux extrémités pour produire la tension des fils.

C Bobines recevant la matière à tricoter.

D Conducteur distribuant le fil aux aiguilles.

E Manivelle faisant fonctionner la machine.

F Boucle serrant l'ouvrage et recevant le support G.

G Support des poids et poids pour dégager la maille des aiguilles.

H Cylindre mobile du moteur des aiguilles.

I Cylindre fixe recevant les aiguilles.

J Anneau fixant les aiguilles sur le cylindre I.

K Verrou régulateur faisant les mailles grandes ou petites.

L Échelle du régulateur des mailles.

M M Verroux du moteur des aiguilles.

N N Arrêts du guide fil D pour tricoter à plat.

O Entonnoir en laiton pour créer la maille en commençant l'ouvrage.

P Crochet à enfiler pour créer la maille sur l'entonnoir.

Q Rouet pour bobiner la matière à tricoter.

INSTRUCTION

DE LA TRICOTEUSE UNIVERSELLE DE J.-P. M.

MÉCANIQUE

DESCRIPTION ET EMPLOI DES PIÈCES DE LA MACHINE

ARTICLE PREMIER

Description du Moteur des aiguilles.

Après avoir soigneusement déballé la machine, vissez-la sur une table solide à l'aide de la vis A. Prenez le support B du fil et mettez-le à sa place sur le derrière de la machine.

Si la machine ne porte pas d'échantillon en fonction, avant de commencer à travailler, ouvrez l'anneau J et remarquez comment sont posées les aiguilles dans le cylindre I, enlevez-les toutes, puis enlevez le cylindre mobile H et examinez avec soin le moteur des aiguilles se composant des trois verroux M K M.

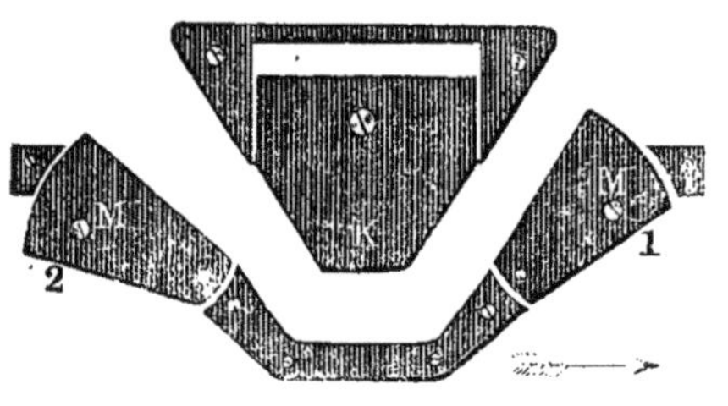

Figure 2

Pour les travaux à plat, les verroux 1 M et 2 M de droite et de gauche doivent toujours être placés au point le plus élevé de façon à faire monter le plus possible l'aiguille en marche.

Pour les travaux cylin-
toujours tourner la manivelle à droite on peut mettre en bas, le
driques comme l'on doitverrou 2 M de gauche.

Le verrou du milieu K est le moteur de la maille et la règle en la faisant petite ou grande suivant sa position. Le verrou baissé donne une maille longue et un tricot élastique, et le verrou monté une maille petite et serrée. Avant de commencer à travailler, réglez convenablement le verrou K suivant que la matière à employer est fine ou grosse et que vous désirez la maille longue ou courte.

ARTICLE 2

Montage de la Machine

Après avoir examiné l'intérieur de la machine, nettoyez en toutes les parties avec soin, mettez une goutte d'huile entre les trois verroux, replacez le cylindre H, remettez les aiguilles en place dans le cylindre I et reposez l'anneau J en le fermant. Tournez lentement la manivelle E à droite et si vous ne rencontrez aucune résistance, toutes les aiguilles sont bien à leur place.

Nous devons dire que pour les commençants, il y a avantage à laisser les deux verroux 1 M et 2 M, montés tout en haut pour le travail à plat aussi bien que pour le travail cylindrique. De cette manière on n'est pas exposé à se tromper si l'on a à baisser ou à monter le verrou 2 M pendant le cours du travail. Ayez soin de serrer fortement vos trois verroux avant de commencer à travailler et alors la machine est prête à fonctionner.

ARTICLE 3

Bobinage du Fil

Après avoir fixé le rouet Q sur une table, on place la bobine sur la tige horizontale et l'on y attache le bout du fil de l'écheveau posé sur le dévidoir fixé à côté. Tournez lentement la roue pour commencer, de façon à placer le fil rang par rang, en commençant par la base de la bobine, et continuez de manière à lui donner une forme conique de bas en haut.

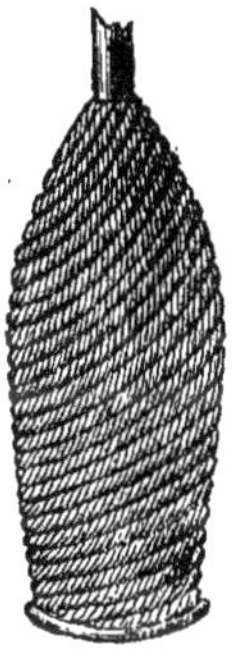

Ainsi faite, la bobine n'éprouvera aucune résistance pour se dévider pendant le travail.

Si le fil a été mal dévidé et qu'il soit dur à sortir de dessus la bobine, les mailles seront serrées et non élastiques comme celles faites avec la bobine dévidée régulièrement. De plus, le fil cassera à chaque instant.

Un dévidage bien fait est de rigueur pour avoir un tricot régulier.

Fig. 3

ARTICLE 4

Emploi de l'Entonnoir

L'entonnoir en laiton O s'emploie pour créer la maille en commençant l'ouvrage. On le passe pardessus la machine la pointe en

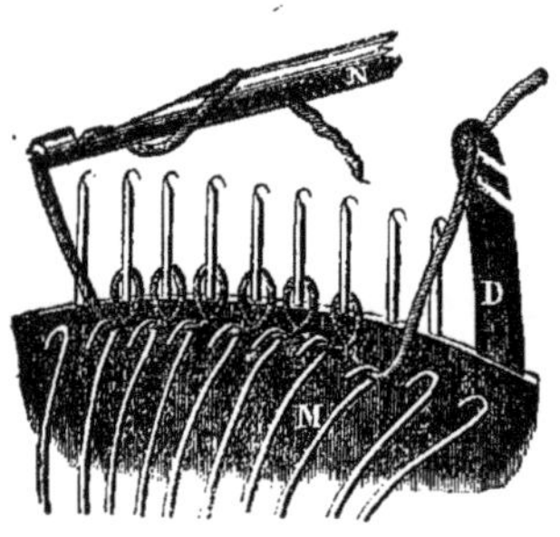

Figure 4

bas en le tenant de la main gauche, les crochets de l'entonnoir leplus près possible des aiguilles de la machine. Avec le crochet à enfiler, prenez le fil sur le guide D et passez-le sur un crochet de l'entonnoir pour revenir sur une aiguille en passant de droite à gauche et ainsi de suite jusqu'au bout, c'est-à-dire en suivant la marche indiquée dans le dessin ci-contre.

Nota. — Si l'entonnoir n'a pas été maintenu assez près des aiguilles, le bord du tricot sera lâche au lieu d'être serré.

ARTICLE 5

Emploi des Poids

Après avoir fait faire deux ou trois tours à la machine en tenant toujours l'entonnoir à la main et lui imprimant une légère pression de façon à faire descendre la maille au-dessous de la petite cuillère de chaque aiguille, accrochez le support G des poids au bout de l'entonnoir O et placez-y un ou deux poids suivant le besoin. La première maille créée doit toujours toucher le cylindre en fonte fixe I et c'est là le but des poids dont on se sert encore pour donner la forme aux bas ou chaussettes faits sans diminution en donnant une pression avec la main gauche.

Lorsqu'on a tricoté une certaine longueur, décrochez l'entonnoir et enfilez le tricot dans la boucle F en la mettant le plus près possible des aiguilles et après l'avoir serrée, accrochez-y le support G et les poids nécessaires (Fig. 1). Au fur et à mesure que le tricot avance, remontez la boucle et les poids avec leur support.

Si vous désirez un tricot serré, faites la maille courte et mettez un poids suffisant pour qu'elle puisse bien descendre à chaque fois au-dessous de la petite cuillère de l'aiguille.

ARTICLE 6

Moteur et régulateur de la Maille

Avant de commencer à travailler, placez convenablement le verrou K du milieu qui doit être disposé suivant la matière que l'on emploie et la maille que l'on veut obtenir. Nous avons dit déjà que plus le verrou est élevé plus la maille est petite et serrée. Cependant, s'il est placé trop haut ou trop bas, il peut arriver que les mailles ne se fassent pas ; il est donc préférable qu'il soit placé plutôt en bas. La marche de la machine en sera plus facile et le tricot plus élastique.

Les commençants ne doivent pas s'étonner de voir la maille claire sur la machine alors qu'elle est tendue, car le tricot sorti de la machine reprend sa maille serrée, et après un lavage le tricot tout en devenant plus beau se serre davantage.

Lorsque l'on veut doubler la matière pour donner plus de solidité à un talon ou à une pointe de bas ou de chaussette, il faut baisser le verrou K afin de faire la maille assez longue. La pointe ou le talon fait, remettez le verrou K au point où il était auparavant.

Le verrou 1 M de droite ne doit jamais se trouver en bas, il doit être au contraire toujours au point le plus élevé, sans cela il est impossible de faire une seule maille.

Le verrou 1 M fait descendre la maille au-dessous de la petite cuillère de l'aiguille pendant que le guide fil D met le fil dans le crochet de l'aiguille. Le verrou K tire l'aiguille en bas, et la première maille qui se trouve au dessous de la petite cuillère étant forcée par le cylindre la fait fermer et s'échappe de l'aiguille. Au moment où elle disparaît la nouvelle maille est formée.

Si vous mettez le verrou 2 M de gauche au point le plus élevé, il peut se faire que quelques mailles s'échappent, si l'on travaille avec une trop grande vitesse, mais on obtient ainsi un tricot plus serré.

Le verrou 2 M de gauche étant en bas, la maille reste fixée sur la petite cuillère et la maintient jusqu'au moment où le verrou M de droite vient faire monter l'aiguille au point le plus haut pour faire descendre la maille au-dessous de la petite cuillère.

Pour les travaux à plat il est de toute rigueur que les verroux 1 M et 2 M soient au point le plus élevé, sans cela le travail est impossible.

ARTICLE 7

Mise en train pour le Tricot cylindrique

Les deux verroux 1 M et 2 M étant placés au point le plus élevé, il faut les serrer fortement afin qu'ils ne se dérangent pas pendant la marche.

Le verrou K du régulateur de la maille est placé assez bas pour que la maille puisse être suffisamment longue pour se former suivant la matière que l'on veut employer.

Le guide fil D doit être placé vers l'arrêt de droite du cylindre mobile H et s'il ne s'y trouve pas, poussez-le de la main gauche en retenant la manivelle E de la main droite pour empêcher la machine de tourner, placez-le dans la même position que celle indiquée dans la figure 1.

Faites deux ou trois tours de manivelle et si le mouvement ne rencontre aucune résistance, la machine est prête à travailler. Amenez, ensuite en tournant la manivelle, le guide fil D en face de la tige du support B des fils sur le derrière de la machine.

Placez la bobine C sur la broche, posez le fil entre les deux chevilles de derrière du support B, enfilez-le pardessous dans la saignée réservée de la branche de devant du support et placez-le entre les deux chevilles (Fig. 1). Passez-le ensuite dans l'ouverture la plus haute du guide fil D, tirez environ un ou deux mètres de fil, prenez le crochet P, enfilez le fil par le bout, enlacez le manche de 3 ou 4 tours de fil et tenez-le de la main droite. De la main gauche, prenez l'entonnoir O, passez-le par-dessus la machine, le petit bout en bas et les crochets le plus près possible des aiguilles. Avec le crochet à enfiler, passez d'abord le fil sur un crochet de l'entonnoir et de là sur une aiguille en dirigeant toujours votre fil de droite à gauche, ainsi que l'indique la figure 4. L'entonnoir ayant moins de crochets qu'il y a d'aiguilles au cylindre, passez le fil deux, trois ou quatre fois sur le même crochet de l'entonnoir suivant le nombre d'aiguilles employées, et continuez jusqu'au bout des aiguilles dépassant le cylindre I. A ce point déposez le crochet enfilé dans l'entonnoir O, que vous tenez toujours de la main gauche en dessous de la machine et tirez-le légèrement. De la main droite, levez la première aiguille sur laquelle vous avez posé le fil, et faites descendre la première maille créée au-dessous de la petite cuillère ; faites ainsi pour toutes les aiguilles entourées de fil, appuyez ensuite avec le plat de la main pour les faire descendre au fond du cylindre. Vérifiez si toutes les petites cuillères sont baissées. Prenez la manivelle et tournez lentement de façon à faire monter les aiguilles qui se trouvent dans le mouvement et qui ne sont pas encore munies de fil et remplissez-les de la même manière que les autres; lorsqu'elles sont toutes munies de fil, posez le crochet dans l'entonnoir, tournez la manivelle à droite lentement pendant les trois ou quatre premiers tours, et tenez toujours l'entonnoir tiré de la main gauche afin de faire descendre les mailles en-dessous des petites cuillères. L'entonnoir doit être tiré bien verticalement afin d'obtenir un tricot régulièrement serré.

Si au premier tour ou pendant les tours suivants quelques mailles s'échappent ou ne se forment pas, ouvrez l'anneau J, prenez l'aiguille de la maille échappée, enfilez-la en dessous du fil de cette maille, prenez la première maille en bas par le crochet de l'aiguille, faites-la monter au dessus de la petite cuillère en poussant l'aiguille avec la main, menez le second fil entre la cuillère et le crochet, tirez à vous, la maille se reformera, la première maille fermant la cuillère s'échappera et formera la seconde, refaites monter cette seconde au-dessus de la petite cuillère, replacez l'autre fil entre la cuillère et le crochet, à l'aide du crochet à mailles et ainsi de suite, on reforme la maille jusqu'au dernier fil, replacez l'aiguille et fermez l'anneau J. Accrochez-le support G à l'entonnoir et mettez un ou deux poids. Si vous désirez un tricot serré, mettez plus de poids. Pour un tricot élastique, mettez moins de poids. Dans tous les cas, le poids doit être calculé de manière que les mailles descendent toujours facilement au dessous de la petite cuillère de l'aiguille. La maille doit toujours reposer sur le cylindre I (*Voir* la fig. 1). Tournez la manivelle à droite et travaillez en observant bien la formation des mailles. Si des mailles s'échappent, le poids n'est pas suffisant ou le verrou K est trop haut et la maille trop petite pour la grosseur de la matière que l'on emploie. Si l'on se sert d'une matière fine, le verrou K doit être assez relevé pour produire une maille courte et si l'on se sert d'une matière grosse, ce même verrou doit être assez baissé pour produire une maille longue.

ARTICLE 8

Mise en train pour le Tricot à plat — Nombre d'aiguilles à faire fonctionner pour tricoter mécaniquement.

Pour tricoter mécaniquement à plat avec le mouvement régulier du guide fil D, enlevez sur le devant de la machine :

Au cylind.	1	de 72 aiguil.	16 aiguil.	pour tricoter avec	56 aiguil.
—	2	100 id.	22 id.	—	78 id.
—	3	130 id.	28 id.	—	102 id.
—	4	160 id.	34 id.	—	126 id.
—	5	180 id.	38 id.	—	142 id.
—	6	200 id.	42 id.	—	158 id.
—	7	240 id.	50 id.	—	190 id.

Avec les aiguilles restant, commencez avec l'entonnoir comme dans le tricot cylindrique (*article 7*). Placez ensuite les deux arrêts N N sur le devant de la machine dans les trous percés pour les recevoir, de façon à laisser entre eux une distance de 5 à 6 trous, c'est-à-dire assez loin de la dernière aiguille travaillant pour qu'elle puisse recevoir le fil et que la maille puisse bien se faire sur cette dernière aiguille.

Les arrêts étant posés, tournez la manivelle de la machine jusqu'à ce que le conducteur du fil D rencontre l'arrêt, mais en tournant encore, le cylindre mobile avancera toujours tandis que le cercle qui porte le conducteur du fil restera arrêté et passera du côté opposé c'est-à-dire à gauche des verroux s'il était à droite, et à droite s'il était à gauche. A ce point, la machine ne pourra plus tourner dans la même direction.

Tournez alors la manivelle en sens inverse et la même opération se répétera. En continuant de cette manière vous obtiendrez toute espèce de bandes de tricot.

On peut tricoter à plat en employant la totalité des aiguilles des cylindres, moins 2 aiguilles. Dans ce cas, opérez comme il est dit à l'article 5 (diminutions de la jambe, 2e partie).

Nota. — La disposition des arrêts N N dans la figure 1 est indiquée simplement pour montrer les arrêts posés, leur place variant suivant le nombre d'aiguilles employées pour tricoter à plat.

ARTICLE 9.

Numéros des Cylindres et des Aiguilles et emploi, jauge et changement des Cylindres

La *Tricoteuse universelle de J. P. M.* travaille avec sept cylindres (1) et trois numéros d'aiguilles. Elle emploie depuis les matières les plus grosses jusqu'aux plus fines. Les cylindres jaugent de 2 à 7 mailles au centimètre ou de 7 à 24 mailles au pouce.

Le cylindre nº 1 de	72 aiguilles emploie les aiguilles nº 1 grosses.					
»	2	100	»	»	»	2 moyennes.
»	3	130	»	»	»	2 et 3 moy. et fines.
»	4	160	»	»	»	3 fines.
»	5	180	»	»	»	3 fines.
»	6	200	»	»	»	3 fines.
»	7	240	»	»	»	3 fines.

Le cylindre nº 1	72 aiguilles, emploie la laine extra-grosse et le coton.					
»	2	100	»	»	laine moyenne et coton gros.	
»	3	130	»	»	laine fine et coton moyen.	
»	4	160	»	»	laine et coton fins, fils, coton anglais, soie.	
»	5	180	»	»	idem.	plus fin.
»	6	200	»	»	idem.	plus fin.
»	7	240	»	»	idem.	extrafin.

Le Cylindre nº 1	72 aig. Jauge 2 mailles au centre ou 7 mailles au pouce.							
»	2	100	»	3	»	»	10	»
»	3	130	»	4	»	»	13	»
»	4	160	»	4 1/2	»	»	15	»
»	5	180	»	5	»	»	17	»
»	6	200	»	6	»	»	20	»
»	7	240	»	7	»	»	24	»

NOTA. — Plus les cylindres ont des aiguilles, plus le tricot devient large.

(1) On peut fournir sur commande des cylindres divisés suivant telles quantités d'aiguilles que l'on désirera au-dessous de 240 aiguilles, en dehors de ceux indiqués ci-dessus.

Pour changer de cylindres, ouvrez l'anneau J et enlevez-le ainsi que les aiguilles et le cylindre H. Renversez la machine, enlevez les deux petites vis qui retiennent le cylindre I et retirez-le. Enlevez au cylindre avec lequel vous voulez travailler, les deux vis qui y sont posées dessous et fixez-le à la place de l'autre à l'aide de ses deux vis, retournez la machine, garnissez le cylindre de ses aiguilles et remettez l'anneau J. Tournez la manivelle et assurez-vous bien avant de commencer que toutes les aiguilles fonctionnent bien.

ARTICLE 10

Nettoyage et graissage de la Machine

Pour nettoyer la machine, ouvrez l'anneau J, et enlevez-le ainsi que les aiguilles et le cylindre mobile H. Brossez avec soin les rainures du cylindre I de façon à enlever le duvet formé par la matière tricotée, et les corps gras endurcis qui ont pu s'y former.

Pour graisser la machine, mettez un peu d'huile sur les 3 verroux et elle se communiquera dans l'intérieur. Mettez également une goutte d'huile dans les rainures des cylindres en passant la burette sur le bord supérieur. Replacez le cylindre H, les aiguilles, l'anneau, fermez ce dernier et commencez. Graissez aussi de temps en temps les charnières des aiguilles ce qui les fera fonctionner régulièrement et empêchera d'avoir des mailles tombées.

NOTA. — Ces deux opérations doivent se faire toutes les fois que la machine devient dure à conduire. Plus la machine sera graissée mieux elle fonctionnera et plus elle sera douce.

ARTICLE 11

Observations générales pour remédier aux difficultés pouvant se présenter pendant le cours du travail.

Il est très-rare qu'en suivant l'*Instruction*, la machine ne fonctionne pas convenablement. Dans le cas où cela arriverait, la cause en serait due à un dommage que la machine aurait éprouvé en route.

1° Si le conducteur du fil D était trop près des aiguilles, celles-ci en montant chasseraient le fil des crochets et laisseraient tomber les mailles. Pour y remédier pliez le conducteur en dehors jusqu'à ce qu'il fonctionne convenablement.

2° Si au contraire le conducteur du fil D était trop éloigné des aiguilles, les crochets ne pourraient pas prendre le fil et les mailles tomberaient également. Pour éviter cela pliez le conducteur en dedans jusqu'à ce qu'il fonctionne régulièrement.

3° Si le fil se rompt et que tout est bien en ordre dans la machine c'est que la maille est trop petite ou trop grande. Pour y remédier il faut mettre le verrou K au point, suivant la matière employée.

4° Si l'aiguille est tordue et que la petite cuillère ne fonctionne pas, les mailles s'échapperont. Il faut alors vérifier l'aiguille et la redresser avec soin.

5° Si le bobinage du fil a été mal fait le fil ne se dévidant pas librement peut se rompre, de plus il produit un tricot serré irrégulièrement. Si des nœuds dans le fil sont trop gros pour traverser le trou du support ou entrer sous le crochet de l'aiguille, le fil se rompt également.

6° Si la machine n'est pas graissée suffisamment les aiguilles se gripperont dans leurs mouvement et alors le fil se rompra.

7° Dans tous les cas ou il y a rupture de fil, il faut enlever les poids et faire monter l'ouvrage avec précaution pour que d'autres mailles ne puissent tomber des aiguilles.

Défaites une certaine quantité de mailles de façon à obtenir une longueur de fil suffisante pour pouvoir nouer les deux bouts ensemble, relevez les mailles tombées avec les mêmes aiguilles et continuez à travailler après avoir remis les poids.

DEUXIÈME PARTIE

AVANT-PROPOS

En commençant la partie pratique, nous devons faire observer qu'en suivant exactement les chiffres portés dans les différents tableaux contenu dans cet ouvrage, l'opérateur arrivera à produire soit à la main soit au métier le tricot conforme aux porportions indiquées, ces chiffres ayant été expérimentés sur des opérations de tricotage, faits à la main et au métier.

Nous ajouterons que pour les familles il est préférable d'employer des matières de première qualité, le tricot étant plus beau et ayant plus de valeur. La matière première ne figurant dans le prix total de revient du tricot que pour une part minime, la façon étant toujours la même, on aura donc avantage à se servir de matière de premier choix. Dans les bas par exemple, la matière, laine, fil, soie, ou coton ne représente qu'une valeur de quinze à vingt-cinq pour cent comparée au prix total du tricot.

En règle générale plus le cylindre emploiera de la matière grosse plus il produira large, et plus la matière sera de bonne qualité plus le travail sera facile.

Nous terminerons en disant que pour donner le lustre et l'apparence au tricot sortant de la machine, pour des personnes désirant en faire la vente, il faut pour les tricots de coton, les laver au savon et étant secs les appliquer à l'envers sur une forme en bois puis les repasser avec un fer chaud. Pour les tricots de laine, passez-les à la vapeur pendant cinq à dix minutes, et faites-les sécher ensuite sur la forme, à défaut de vapeur après les avoir posé sur la forme, posez un linge humide dessus et repassez-les avec un fer chaud.

Nous engageons l'opérateur à n'étudier les articles détaillés ci-après du bas et de la chaussette seulement pour apprendre à les fabriquer. Pour les dimensions des différents numéros de bas ou de chaussettes, on devra se référer au tableau spécial du cylindre employé se trouvant à la fin du présent ouvrage, ainsi qu'aux tableaux des *pointes* et de la *matière* à travailler. (3e Partie)

MANUEL

DE LA

FABRICATION DU TRICOT

MISE A LA PORTÉE DE TOUT LE MONDE

ARTICLE PREMIER

Bord à côtes pour Bas, Chaussettes et autres Tricots

Pour avoir une côte toutes les unes, on enlève une aiguille entre chaque aiguille, une côte toutes les deux, on enlève la troisième aiguille, une côte toutes les trois, on enlève la quatrième aiguille, et ainsi de suite. Pour la côte du haut du bas ou de la chaussette, on fait ordinairement de 40 à 70 tours. (Voir les tableaux de la troisième partie) Le bord à côte étant terminé, replacez toutes les aiguilles que vous avez enlevées et reprenez la maille en enfilant l'aiguille en-dessous du tricot. Prenez l'avant-dernière maille faite, derrière l'aiguille de droite ou de gauche en suivant toujours la même direction.

OURLET OU REVERS DES BAS

CHAUSSETTES OU AUTRES TRICOTS PAR LA MACHINE MÊME

ARTICLE 2

Ourlet ordinaire

Après avoir fait de 25 à 60 tours, suivant le numéro du cylindre (voir les tableaux de la troisième partie), enlevez l'entonnoir qui a servi à commencer l'ouvrage, prenez avec le crochet à remailler la première maille de l'entonnoir, et placez-la sur l'aiguille correspondante. Ainsi de suite pour toutes les autres; faites descendre les mailles bien audessous de la cuillère de l'aiguille; tournez la manivelle, et l'ourlet est fait.

ARTICLE 3

Ourlet avec dentelures (1)

Après avoir fait la première moitié de l'ourlet, enlevez une ai-

(1) Pour avoir des dentelures bien prononcées, mettez le verrou K au point le plus bas, afin d'avoir la maille le plus long possible, mais remettez ledit verrou à sa place après les deux tours nécessaires pour former la dentelure.

guille entre chaque aiguille, placez la maille sur l'aiguille voisine à droite ou à gauche, mais en suivant toujours la même direction; faites deux tours, replacez les aiguilles enlevées à leur place en les introduisant au-dessous du fil qui se trouve droit entre les deux aiguilles, en-dessous du second tour; faites la deuxième moitié de l'ourlet, enlevez l'entonnoir et continuez comme il est dit ci-dessus pour l'ourlet ordinaire.

ARTICLE 4

Jambes de Bas ou de Chaussettes tricotés cylindriquement ou à plat.

La jambe se tricote, cylindriquement ou à plat, avec le même nombre d'aiguilles que l'on en a employées pour faire le bord sans côte ou le bord à côte, en rétablissant à leur place les aiguilles ayant formé les côtes. On fait le nombre de tours indiqués aux tableaux de la troisième partie suivant le numéro du bas ou de la chaussette à faire.

ARTICLE 5

Diminutions de la Jambe (1)

Après avoir tricoté cylindriquement ou à plat le nombre de tours nécessaires pour la jambe et le mollet, arrêtez le guide-fil devant le support B des fils et levez devant vous au point mort, en face du support B, deux aiguilles qui serviront de point de départ des diminutions. Enlevez à droite la cinquième aiguille et jetez la maille sur la sixième de droite, enlevez également à gauche la cinquième aiguille et jetez-en la maille sur la sixième de gauche. Baissez les

(1) Le point mort veut dire au repos. Les aiguilles ainsi placées ne fonctionnent pas et permettent au mouvement de passer dessous sans les toucher.

deux aiguilles du point de départ et rapprochez les quatre aiguilles de gauche et les quatre de droite pour remplir le vide de la cinquième que vous venez d'enlever, de manière que le vide se trouve au milieu du cylindre à la place des deux aiguilles que vous aviez levées au point mort. L'espace des deux aiguilles n'étant pas suffisant pour tricoter à plat avec les deux arrêts, procédez comme suit :

Afin que le mouvement puisse passer librement au-dessous, levez au point mort, du côté droit, huit à douze aiguilles, tournez la manivelle à droite, lentement, jusqu'à ce que la dernière aiguille du côté gauche ait pris le fil du guide-fil D et que la dernière aiguille ait fait son mouvement. A ce point, tenez la manivelle de la main droite, prenez le guide-fil D de la main gauche, ramenez-le à gauche jusqu'à l'arrêt de gauche du cercle du cylindre. A ce point, tournez la manivelle à gauche et avant d'arriver au côté droit, baissez les huit aiguilles qui sont au point mort et levez-en huit à gauche; continuez le mouvement jusqu'à ce que la dernière aiguille de droite ait reçu le fil du guide-fil D et fait son mouvement. A ce point, tenant toujours la manivelle de la main droite, poussez avec la main gauche le guide-fil jusque vers l'arrêt de droite du cercle du cylindre, tournez à droite, baissez les aiguilles du côté gauche et relevez les huit à droite et ainsi de suite. Continuez ce mouvement jusqu'à ce que l'espace soit assez grand pour placer les arrêts. Faites le nombre de tours indiqué aux tableaux après chaque diminution, tricotez ensuite, après les diminutions, le bas de la jambe comme il est indiqué aux tableaux, suivant le numéro. Faites ensuite le talon.

Les diminutions se font également par deux aiguilles à la fois de chaque côté. Pour éviter des saillies sur le tricot, enlevez la cinquième aiguille et jetez-en la maille sur la sixième; enlevez la septième aiguille, et jetez-en la maille sur la huitième; refoulez les aiguilles pour ne laisser aucun vide entre elles. Faites le nombre de tours indiqué auxdits tableaux de la troisième partie. Continuez ainsi suivant le nombre de diminutions et le cylindre employé,

A partir du cylindre de 130, les diminutions doivent toujours se faire par 2 aiguilles de chaque côté à la fois. La première diminution ne peut se faire pour tous les cylindres que par une aiguille de chaque côté à la fois pour les bas tricotés cylindriquement.

Ce genre de diminutions se fait en moitié moins de temps que par une aiguille à la fois, et le bas est bien plus beau.

TALONS [1]

ARTICLE 6

Talon rond, DIT A LA FRANÇAISE pour Bas et Chaussettes sans diminutions et tricotés cylindriquement.

Prenant pour base le cylindre de 72 aiguilles, levez sur le derrière de la machine afin de tricoter le talon devant vous, 36 aiguilles au point mort, c'est-à-dire au point le plus élevé, pour permettre au mouvement de passer dessous sans les toucher. Placez les deux arrêts vers la sixième aiguille du point mort, de façon à ce que la maille puisse encore bien se former sur la dernière aiguille.

Les deux verroux M M doivent être au point le plus élevé.

(1) La règle est que les talons doivent toujours se faire, quelque soit le cylindre et le nombre d'aiguilles que l'on emploie, avec la moitié des aiguilles employées pour le bas de la jambe, qu'il soit tricoté à plat ou cylindriquement. Tous les systèmes de talons se font sur n'importe quel cylindre. Pour le nombre d'aiguilles à employer, référez-ous aux tableaux des proportions de la troisième partie.

Sur les 36 aiguilles fonctionnant, faites 40 tours en levant à chaque tour une aiguille de chaque côté jusqu'à ce que vous en ayez levé 10 de chaque côté. Tenez le fil avec la main pour que la maille soit assez serrée. De cette façon vous éviterez les jours. Rebaissez les mêmes aiguilles une à une de chaque côté à chaque tour en faisant passer le fil avec la main derrière celle que vous baissez, jusqu'à la première qui avait été levée; au dernier tour passez le fil sur deux aiguilles et baissez-en une seulement. Cela évitera des jours dans le talon. Baissez les 36 aiguilles levées, enlevez les arrêts et tricotez le pied. Opérez de la même façon pour les cylindres de 100, 130, 160, 180, 200 et 240 aiguilles; le nombre d'aiguilles employées vous donnera le nombre de tours à faire en plus. (Voir les tableaux de la troisième partie.)

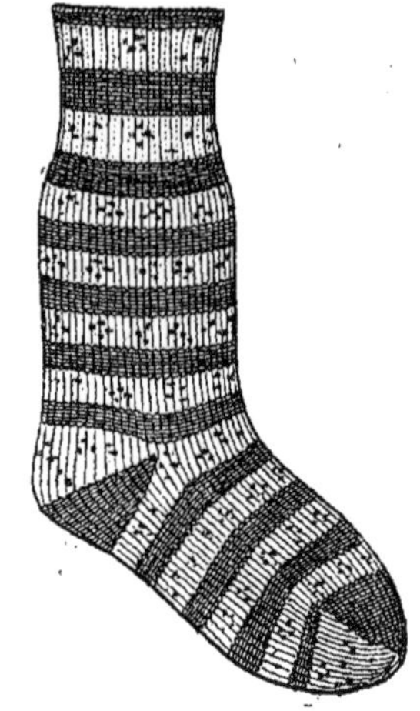

Fig. 5

ARTICLE 7

Talon rond DIT A LA FRANÇAISE pour Bas et Chaussettes tricotés à plat avec diminutions.

En prenant pour base le cylindre de 100 aiguilles, ayant enlevé 24 aiguilles pour le numéro extra de femme (*voir* les tableaux de la troisième partie), pour obtenir la diminution de la jambe, il reste 76 aiguilles. Ce talon se faisant en deux fois, une fois à droite et une fois à gauche, levez 57 aiguilles au point mort et placez vos arrêts ainsi qu'il a été dit. Tricotez avec les 19 aiguilles du bord du côté droit qui sont restées baissées, faites 40 tours en levant une aiguille du côté de celles placées au point mort, tous les deux tours jusqu'à ce que vous en ayez levé 10, rebaissez les mêmes aiguilles une à une tous les deux tours, en faisant passer le fil avec la main derrière celle que vous baissez jusqu'à la première qui avait été levée.

Ayez soin de tenir de la main gauche la patte que vous tricotez assez tirée pour que la maille descende bien au-dessous de la petite cuillère de l'aiguille. Au dernier tour passez le fil sur deux aiguilles et baissez-en une seulement, retournez une fois à gauche, baissez vos 57 aiguilles, enlevez l'arrêt de droite, tournez à droite et passez à gauche de l'autre côté où vous releverez 57 aiguilles au point mort. Tricotez avec les 19 aiguilles restant baissées au bord comme vous l'avez fait pour la partie droite du talon que vous venez de tricoter. Après le dernier tour, baissez les 57 aiguilles, enlevez l'arrêt de gauche et tricotez le pied. Opérez de la même façon pour les cylindres de 130, 160, 180, 200 et 240 aiguilles. Le nombre d'aiguilles employées vous donnera le nombre de tours à faire en plus.

ARTICLE 8

Talon carré ordinaire ou diminué pour Chaussettes et Bas sans diminutions tricotés cylindriquement.

En prenant pour base le cylindre de 72 aiguilles, levez 36 ai-

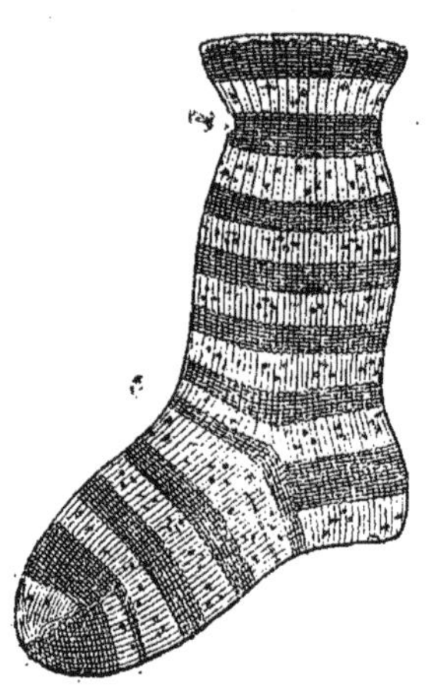

Fig 6

guilles au point mort sur le derrière de la machine et tricotez à plat après avoir placé vos arrêts, 38 tours sans diminution ; la patte du talon étant faite, cassez le fil, faites tomber des aiguilles la patte que vous venez de tricoter et remaillez les deux bords du côté des aiguilles au point mort sur les 18 aiguilles de chaque côté qui viennent de travailler, comme cela se fait à la main. Baissez les 36 aiguilles levées, enlevez vos arrêts, remettez le bout du fil sur la première aiguille fonctionnante, tournez à droite et commencez le pied.

ARTICLE 9

Talon carré diminué pour Chausettes et Bas sans diminutions tricotés cylindriquement.

Pour obtenir le talon carré diminué, tricotez d'abord à plat, 30 tours sans diminution. Partagez ensuite en deux les 36 aiguilles du talon et commencez les diminutions en enlevant la troisième aiguille du côté droit de devant et en rejetant la maille sur la quatrième du même côté. Enlevez la troisième aiguille du côté gauche de devant en jetant la maille sur la quatrième du même côté. Refoulez des deux côtés les aiguilles, de façon à ne leisser aucun vide sur le devant de la Machine. Faites deux tours et continuez ainsi jusqu'à ce que vous ayez enlevé 5 aiguilles de chaque côté A ce point faites tomber la patte des aiguilles remaillez-la comme il est dit plus haut.

Si vous tricotez cylindriquement avec le cylindre de 100 aiguilles mettez 50 aiguilles au lieu de 36 au point mort et faites 40 tours sans diminution au lieu de 30, puis faites les diminutions de la même façon que dans le cylindre de 72 aiguilles.

Opérez de même pour les cylindres de 130, 160, 180, 200 et 240 aiguilles, Le nombre d'aiguilles employées vous donnera le nombre de tours à faire en plus. (Voir les tableaux de la troisième partie.)

ARTICLE 10

Talon carré diminué DIT A L'ANGLAISE pour Bas et Chaussettes avec diminutions tricotés à plat.

En prenant pour base le cylindre de 100 aiguilles, comme il en a été diminué 24. (Numéro 1, extra pour femme, tableau de 100 aiguilles, troisième partie.) Pour obtenir les diminutions de la

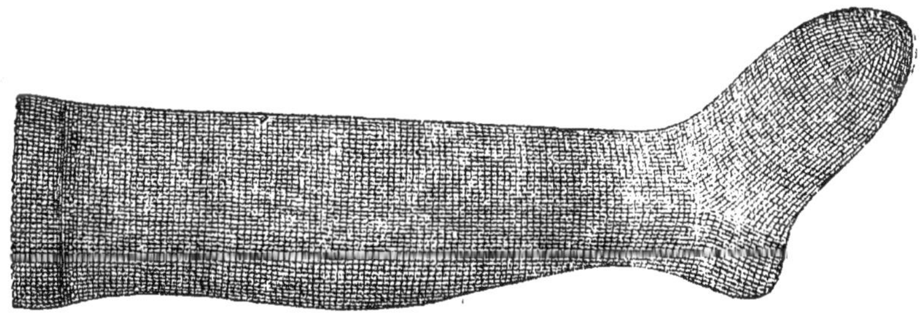

Fig. 7

jambe, il en reste 76. Ce talon se faisant en deux fois, une fois à droite et une fois à gauche, levez 57 aiguilles au point mort, placez vos arrêts et tricotez avec les 19 aiguilles du bord du côté droit qui sont restées baissées. Faites 26 tours à plat sans diminution, enlevez la troisième aiguille du bord et passez sa maille sur la quatrième aiguille, rapprochez les deux autres aiguilles pour remplir le vide, faites deux tours et diminuez ainsi d'une aiguille toujours en enlevant la troisième, en passant la maille sur la quatrième, et en rapprochant les deux autres, jusqu'à ce que vous ayez enlevé cinq aiguilles. Ayant fait jusqu'à ce moment 36 tours pour votre talon, pour arriver à 40, faites encore quatre tours maissans diminutions d'aiguilles.

Cassez le fil et faites tomber des aiguilles la patte que vous venez de faire. Remaillez le bord du côté des aiguilles au point mort sur les 19 aiguilles qui viennent de travailler, ramenez le guide-fil à gauche des aiguilles, enlevez l'arrêt de droite, baissez les 57 aiguilles qui sont au point mort, mettez le fil sur la première aiguille, tournez à droite et passez à gauche où vous releverez 57 aiguilles au point mort, et tricotez cette deuxième partie du talon comme vous avez fait pour la première fois. Après le dernier tour cassez le fil, et faites la même opération pour le remaillage que celle que vous avez déjà faite pour la partie droite et tricotez le pied.

Opérez de la même façon pour les cylindres de 130, 160, 180, 200 et 240 aiguilles. Le nombre d'aiguilles employées vous donnera le nombre de tours à faire en plus.

ARTICLE 11

Talon carré DIT A LA RELIGIEUSE pour Bas et Chaussettes tricotés cylindriquement. (Voir fig. 22.)

Pour obtenir le talon à la religieuse avec des diminutions de chaque côté du pied comme il se fait habituellement à la main, prenant pour base le cylindre de 100 aiguilles ; après avoir fait la jambe, tricotez le talon avec 50 aiguilles en faisant 40 tours à plat sans diminutions, le guide fil étant alors à gauche levez à droite de celles qui viennent de travailler, 20 aiguilles au point mort, passez le guide-fil à droite, levez à gauche 20 autres aiguilles toujours de celles qui viennent de travailler, passez le fil avec la main derrière la dernière aiguille qui est au point mort et baissez-la, tournez la manivelle à gauche et enlevez l'aiguille que vous venez de baisser et passez-en la maille sur l'aiguille voisine de gauche. Avant de retourner à droite, passez le fil derrière l'aiguille voisine qui est au point mort et baissez-la, tournez la manivelle à droite et enlevez l'aiguille que vous venez de baisser et passez-en la maille sur l'aiguille voisine de droite, revenez à gauche en faisant la même opération, mais diminuez toujours l'aiguille sur laquelle vous passez le fil et jetez toujours les mailles sur la même aiguille. Diminuez ainsi jusqu'à ce que vous ayez enlevé les 20 aiguilles de chaque côté, que vous avez mises au point mort. Il va sans dire que vous devez rapprocher à chaque diminution, les aiguilles près les unes des autres, de façon à ne laisser aucun vide entre elles. Mais les 10 aiguilles du milieu ne doivent jamais bouger. Remmaillez les bords du talon de chaque côté sur les 20 aiguilles que vous replacez au fur et à mesure comme cela se fait à la main. Tricotez ensuite le pied cylindriquement en faisant le nombre de tours inqué au tableau.

Nota. — Sur le cylindre de 72 aiguilles on opère de la même façon.

Opérez de la même manière pour les cylindres de 130, 160, 180, 200 et 240 aiguilles. Le nombre des aiguilles employées vous donnera le nombre de tours à faire en plus en suivant les proportions indiquées au tableaux de la troisième partie.

ARTICLE 12

Talon carré diminué et augmenté DIT A LA RELIGIEUSE pour Bas et Chaussettes tricotés à plat.

Prenant pour base le cylindre de 100 aiguilles commencez le talon comme à l'article 9 avec 19 aiguilles de chaque côté. Faites de 26 à 36 tours suivant la hauteur du coude-pied, la première patte étant tricotée, mettez 14 aiguilles au point mort à droite en laissant sur le devant du cylindre 5 aiguilles en fonctions. Le guide-fil étant à gauche, tournez à droite, baissez la première aiguille au point mort et passez le fil derrière, revenez à gauche enlevez la première aiguille qui est au point mort et passez-en la maille sur la sixième qui est en fonctions, revenez à droite, baissez la première aiguille au point mort et passez le fil derrière, revenez à gauche enlevez la première aiguille qui est au point mort et passez-en la maille sur la septième en fonction, continuez ainsi jusqu'à la dernière aiguille des 14 qui étaient au poinl mort. A ce point il doit vous rester 12 aiguilles de celles ayant servi à tricoter cette partie du talon. Ayez bien soin de rapprocher les aiguilles au fur et à mesure des diminutions pour ne pas laisser de vide entre elles. Si vous avez fait 30 tours sans diminution ni augmentation pour le talon, ramenez les 12 aiguilles sur le devant de la machine de façon à laisser le vide de 15 aiguilles pour remmailler le bord du talon et remmaillez le talon comme celà se fait à la main. Baissez toutes les aiguilles qui sont au point mort, passez à gauche et tricotez la deuxième partie du talon comme vous avez fait pour la première partie. Ce talon ayant été augmenté de 8 aiguilles de chaque côté ces 8 aiguilles doivent être diminuées de chaque côté du pied entre le talon et le coude-pied comme cela se pratique à la main. Faites un tour. Diminuez à droite et à gauche les deux premières aiguilles qui ont servi à tricoter le talon, sur la première aiguille touchant la naissance du talon, puis tricotez de 8 à 10 tours. Diminuez ensuite 2 aiguilles en jetant la maille sur l'aiguille voisine afin d'éviter la saillie qui se produirait si vous jetiez les 2 mailles sur la même aiguille; faites de 8 à 10 tours, continuez ainsi jusqu'à ce que vous ayez enlevé les 8 aiguilles d'augmentation de chaque côté. Si vous ne voulez enlever qu'une aiguille à la fois ne faites que 4 à 5 tours après chaque diminution, rapprochez toujours les aiguilles après chaque diminution. Continuez ensuite le pied à plat suivant le nombre de tours indiqué au tableau des proportions de la troisième partie.

Opérez de la même façon pour les cylindres de 130, 160, 180, 200 et 240 aiguilles. Le nombre d'aiguilles employées vous donnera le nombre de tours à faire en plus. (Voir les tableaux.)

PIED DE BAS OU DE CHAUSSETTES

ARTICLE 13

Pied de Bas ou de Chaussettes sans diminutions, tricotés cylindriquement.

Après avoir fait le talon suivant qu'il est indiqué articles 6 ou 8, article *Talons*, et remis toutes les aiguilles en place, tricotez le pied cylindriquement en faisant le nombre de tours indiqué aux tableaux des proportions de la troisième partie.

ARTICLE 14

Pied de Bas ou de Chaussettes avec diminutions, tricotés à plat.

Après avoir fait le talon, ainsi qu'il est dit articles 6, 7, 8, 9, 10, 11 et 12, article *Talons*, tricotez le pied à plat en faisant le nombre de tours indiqué aux tableaux de la troisième partie.

FIN DE POINTES DE BAS OU DE CHAUSSETTES

ARTICLE 15

Pointe ronde DITE A LA FRANÇAISE pour Bas et Chaussettes sans diminutions, tricotés cylindriquement et remaillage à l'endroit reproduisant la maille. (Fig. 5 et 8.)

Pour obtenir cette pointe, il faut opérer comme pour le talon rond, article 6. On diminue d'abord, on augmente ensuite. Après avoir fait le nombre de tours indiqué au tableau des proportions de la troisième partie, baissez les aiguilles du repos, faites deux tours cylindriquement, coupez le fil et faites tomber le bas ou la chaussette de la machine dont vous joindrez la pointe comme suit : Coupez d'un côté les deux derniers tours que vous venez de faire après les diminutions, afin de pouvoir les défaire au moment même où vous voulez prendre la maille que vous avez ainsi toujours fraîche et ouverte devant vous. Enfilez avec une aiguille à tapisserie munie de fil semblable au tricot, la première maille du bord du côté droit, de droite à gauche, et prenez la seconde maille du même côté, de gauche à droite, tirez le fil, enfilez la première maille du côté gauche, de gauche à droite et la seconde du même côté de droite à gauche, et tirez le fil. Recommencez à droite en enfilant de droite à gauche la deuxième maille que vous avez déjà enfilée de gauche à droite, et enfilez de gauche à droite la troisième maille du même côté, tirez le fil et passez à gauche où vous enfilez de gauche à droite, la deuxième maille que vous avez déjà enfilée de droite à gauche, et enfilez de droite à gauche la troisième maille du même côté, tirez le fil, passez à droite et ainsi de suite, votre tricot sera fermé avec une maille exactement semblable à celle du reste du tricot.

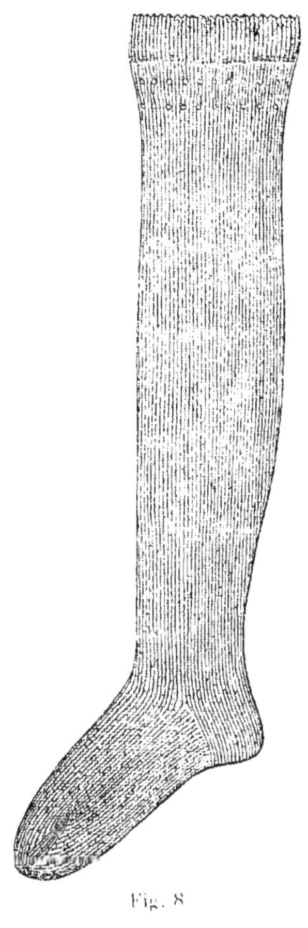

Fig. 8

Opérez de la même façon pour les cylindres de 100, 130, 160,

180, 200 et 240 aiguilles. Le nombre d'aiguilles employées vous donnera le nombre de tours à faire en sus.

ARTICLE 16

Pointe DITE ANGLAISE pour Bas et Chaussettes sans diminutions tricotés cylindriquement et remaillage à l'envers reproduisant la maille. (Fig. 6.)

Prenant pour base le cylindre de 72 aiguilles, levez la moitié des aiguilles au point mort c'est-à-dire au point le plus élevé pour permettre au moteur de passer dessous sans les toucher, Placez vos deux arrêts comme pour le talon, enlevez la troisième aiguille de chaque côté et passez-en la maille sur la deuxième de celles qui sont baissées et qui sont destinées à recevoir les diminutions, rapprochez ces deux aiguilles des autres baissées et faites trois tours pendant 10 diminutions et 2 tours pendant 4 diminutions, plus 2 tours après la dernière diminution et qui devront être défaits au moment du remaillage. A ce moment il ne doit vous rester que 8 aiguilles. Rapprochez toujours au fur et à mesure des diminutions les aiguilles qui les reçoivent de façon à ce qu'il ne reste aucun vide entre elles. Cassez le fil et faites tomber des aiguilles la patte que vous venez de tricoter, enlever vos arrêts baissez les 36 aiguilles au point mort derrière la Machine, enlevez la troisième aiguille de chaque côté et jetez-en la maille sur la deuxième, Rapprochez les deux premières aiguilles des autres, tournez la manivelle à droite, faites prendre le fil sur la première aiguille fonctionnante, placez vos arrêts sur le devant de la machine et tricotez cette patte de pointe comme la précédente en ayant soin de faire le même nombre de tours. Cassez le fil et faites tomber la patte, enlevez le bas et remaillez de la manière suivante : Les 8 mailles de la pointe, comme il est dit article 15, *Pointes de bas.*

Les deux côtés de la pointe, à l'envers comme suit : Tournez le bas à l'envers. Avec l'aiguille à tapisserie, enfilez la première maille du côté droit en la prenant de droite à gauche et prenez la seconde maille du même côté, en ligne directe, tirez le fil, enfilez la première maille du côté gauche, en la prenant de droite à gauche et la deuxième maille du même côté, en ligne directe, tirez le fil, revenez à droite, enfilez de droite à gauche la seconde maille que vous avez déjà enfilée en ligne directe, puis enfilez en ligne directe la troisième maille du même côté, tirez le fil et passez à gauche où vous procéderez de la même manière et ainsi de suite. Vous avez un remaillage semblable au tricot.

Si l'on veut cette pointe finie comme à la main avec un fil au bout de la dernière maille, opérez comme suit : Divisez les aiguilles en 4 parties moins 8, destinées à recevoir les mailles de diminution et diminuez par deux aiguilles à la fois en jetant une maille de chaque côté repoussez vos aiguilles sur le derrière du cylindre de façon à avoir le vide devant. Faites 2 tours en levant et baissant les aiguilles comme pour les diminutions de la jambe. (Voir Article 5). Diminuez 2 aiguilles de l'autre côté des 4, repoussez toujours les aiguilles sur le derrière, faites 2 tours, diminuez de 2 aiguilles encore sur le devant des 4 aiguilles de diminution repoussez vos aiguilles sur le derrière, faites 2 tours. Diminuez maintenant par 4 aiguilles à la fois pendant 4 à 5 fois, faites 3 tours diminuez, ensuite par 8 aiguilles à la fois en mettant 2 mailles sur la même aiguille en faisant le nomb.e de tours nécessaires pour obtenir une pointe convenable. Opérez ainsi jusqu'à ce qu'il ne reste plus que 2 aiguilles fonctionnant sur le cylindre. Cassez le fil d'une certaine longueur et passez le d'une maille dans l'autre comme cela se fait à la main afin qu'elle ne se défasse pas.

Le jour restant sous le pied doit être remmaillé à l'envers comme ci-dessus. Ce genre de diminution de pointes est plus beau et moitié plus vite fait que le précédent, opérez de la même façon pour les cylindres de 130, 160, 180, 200 et 240 aiguilles. Le nombre d'aiguilles employées vous donnera le nombre de tours à faire en plus.

ARTICLE 17

Pointe carrée DITE ANGLAISE pour Bas et Chaussettes avec diminutions tricotés à plat. (Fig. 11.)

Prenant pour base le cylindre de 100 aiguilles, il reste 76 aiguilles fonctionnantes, divisez 76 en 4 parties, moins 8 aiguilles destinées à limiter les diminutions, dont 4 de chaque côté, vous avez ainsi 17 aiguilles de chaque côté des 4. La maille de la dix-septième aiguille doit être alors jetée sur la première des 4 de chaque côté ce qui fait une diminution de 4 aiguilles à la fois. Le vide produit par ces quatre aiguilles doit être rempli au fur et à mesure par les autres aiguilles qui doivent se rapprocher de façon à ne laisser aucun vide entre elles en les refoulant toujours sur le derrière de la Machine. Faites 3 tours sur chaque diminution jusqu'à ce que vous ayez enlevé 24 aiguilles, et faites 2 tours jusqu'à ce qu'il ne vous reste plus que 5 aiguilles de chaque côté des 4 limitant les diminutions, mais à la dernière diminution, faites 4 tours au lieu de 2. Il vous reste alors 28 aiguilles, compris les 4 de chaque côté limitant les diminutions. Cassez le fil, faites tomber le bas. Remaillez ces 28 aiguilles de la pointe et le talon s'il a été fait carré, comme il est dit article 15. La partie de la jambe ayant des diminutions se remaille comme il est dit article 16.

ARTICLE 18

Pointe pointue DITE ANGLAISE pour Bas et Chaussettes tricotés à plat.

Si vous voulez la pointe pointue en diminuant par 4 aiguilles à la fois voyez les tableaux de *Pointes* de la troisième partie.

Si l'on veut une pointe finie comme à la main en diminuant par 8 et 12 aiguilles à la fois avec un fil au bout de la dernière maille, ce qui se fait bien plus vivement, procédez comme suit :

Diminution par 8 aiguilles à la fois.

Pour diminuer par 8 aiguilles à la fois; prenant pour base le cylindre de 130 aiguilles, en ayant enlevé 30, pour les diminutions de la jambe, il en reste 100. Divisez 100 en 4 parties (moins 8 aiguilles dont 4 de chaque côté, destinées à limiter les diminutions.) Il reste 23 aiguilles de chaque côté des 4. La maille de la vingt-troisième doit être jetée sur la première des 4 de chaque côté; enlevez les quatre aiguilles vides. Prenez la maille de la vingt-unième de chaque côté des 4 et jetez-en la maille sur la vingt-deuxième, enlevez les 4 aiguilles vides, refoulez toutes les aiguilles sur le derrière de la machine de façon à ce qu'il ne reste aucun vide entre elles. Faites 4 tours et continuez les diminutions jusqu'à ce que vous ayez enlevé 98 aiguilles suivant les indications des tableaux de *Pointes*.

Diminutions par 12 aiguilles à la fois.

Pour diminuer par 12 aiguilles à la fois prenant pour base le cylindre de 160 aiguilles, en ayant enlevé 42 pour les diminutions de la jambe, il en reste 118. Divisez 118 en 4 parties moins 10 aiguilles dont 5 de chaque côté destinées à limiter les diminutions de la pointe. Il reste 27 aiguilles de chaque côté des 5. La maille de la vingt-septième doit-être jetée sur la première des 5 de chaque côté. Enlevez les 4 aiguilles vides, jetez la maille de la vingt-cinquième aiguille sur la vingt-sixième aiguille de chaque côté. Enlevez les 4 aiguilles, jetez la maille de la vingt-troisième aiguille sur la vingt-quatrième de chaque côté. Enlevez les 4 aiguilles vides Refoulez toutes les aiguilles sur le derrière de la machine de façon à ce qu'il ne reste aucun vide entre elles. Faites 6 tours et continuez les diminutions jusqu'à ce que vous ayez enlevé 116 aiguilles suivant les indications du tableau spécial : *Pointes*, troisième partie.

Nota. — Ces trois genres de pointes se font sur tous les cylindres. Les diminutions de pointes carrées se font également par 8 ou 12 aiguilles à la fois, seulement l'on fait moins de diminutions.

ARTICLE 19

Bas à bon marché tricotés cylindriquement

Pour obtenir des bas très-bon marché et tricotés rapidement comme cela se fait dans les grandes fabriques, tricotez un tube d'une certaine longueur Coupez ensuite pour une paire une longueur de 1m 50 à 1m 70.

Prenant pour base un tube de 1m 60 applatissez-le régulièrement, pliez-le en deux parties égales de 0m 80 chacune et coupez les 4 épaisseurs du tube exactement au milieu dans le sens de la longueur, sur une partie de 0m 30. Dépliez le tuhe et coupez-le dans le sens inverse à droite et à gauche, à 0m 10 en dedans, de l'extrémité de la coupure que vous avez faite en long. Vous aurez alors deux parties de tricot détachées.

Repliez le bout étroit du tricot et cousez-le contre la partie fendue en long dans la jambe qui formera le talon. Cousez ensuite des deux côtés du pied en prenant plus d'étoffe à la pointe pour rendre le bas pointu, et le bas sera terminé.

Si vous désirez obtenir la forme d'un bas diminué échancrez-le au-dessous du mollet et recousez en dedans la partie coupée. Vous aurez exactement la même forme que les bas diminués à la machine ou à la main.

Rabattez le bord supérieur du bas en dedans pour former l'ourlet et cousez-le à la main.

Pour donner de l'apparence à ce genre de bas, il est indispensable de les apprêter en les lavant d'abord et en les posant ensuite à l'envers sur une forme en bois et en repassant le bas et principalement les coutures avec un fer chaud.

En opérant de cette manière on peut fabriquer de deux à trois douzaines de paires de bas par jour, suivant la matière et les cylindres employés.

BAS DE LUXE

Les dessins varient à l'infini pour ce genre de tricot dont l'exécution dépend de l'expérience et du goût de la personne qui travaille.

ARTICLE 20

Bas à côtes avec jours

Pour obtenir des côtes avec jours sur un bas, après avoir fait l'ourlet ou revers divisez le nombre d'aiguilles que vous voulez laisser entre chaque côte Prenez pour commencer la maille de droite et celle de gauche et jetez-les sur l'aiguille du centre. Si vous désirez le jour à droite de la côte, replacez l'aiguille de gauche en prenant en dessous la maille de l'aiguille du côté gauche de la même façon dont on reprend la maille pour le bord à côtes. Faites un tour, replacez en dessous du fil, l'aiguille de droite qui a été enlevée. Faites encore un tour enlevez la même aiguille de droite et jetez la maille sur celle de gauche et ainsi de suite pour obtenir une côte droite avec bord à jour à côté; tout le long du bas,

Si vous désirez avoir une côte avec dessins différents soit une côte oblique, il faut faire sauter à gauche la maille de l'aiguille de droite tous les tours et si vous désirez la côte à gauche il faut faire sauter à droite la maille de l'aiguille de gauche. Si vous désirez le dessin en zigzag opérez comme dans les deux cas précédents en faisant autant de tours à droite qu'à gauche.

ARTICLE 21

Bas à jours en laine (Fig.9 et 10)

L'ourlet est fait d'après l'article 3 et pour obtenir le dessin du

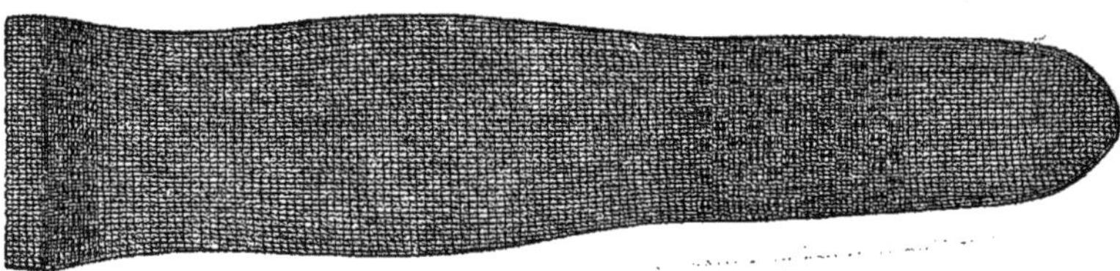

Fig. 9

dessous de l'ourlet et du coup de pied il suffit de jeter les mailles à droite et à gauche en suivant toujours la même direction.

ARTICLE 22

Bas à jours en coton (Fig. 9 et 10)

L'ourlet est fait d'après l'article 3. Le dessin du dessous de l'ourlet est produit par le déplacement des aiguilles à droite ou à

Fig 10

gauche. Le dessin du coude-pied s'obtient pour les deux côtes du milieu, en jetant la maille de droite et de gauche sur l'aiguille du centre et les deux côtes de chaque côté en jetant une maille sur l'autre. Il est bien entendu que pour chaque jour il faut enlever l'aiguille après avoir passé sa maille sur une autre et la replacer ensuite.

ARTICLE 23

Bas à jours en laine et en coton (Fig. 11 et 12)

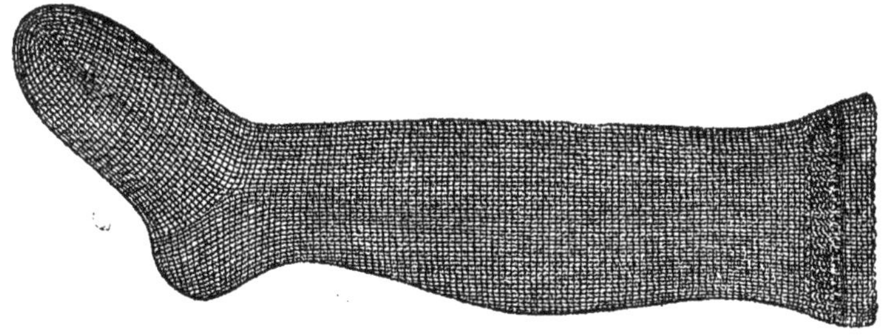

Fig. 11

L'ourlet est fait d'après l'art. 3, le talon carré d'après l'art. 10 et la pointe anglaise d'après l'art. 17 ou 18. Le jour du dessous de

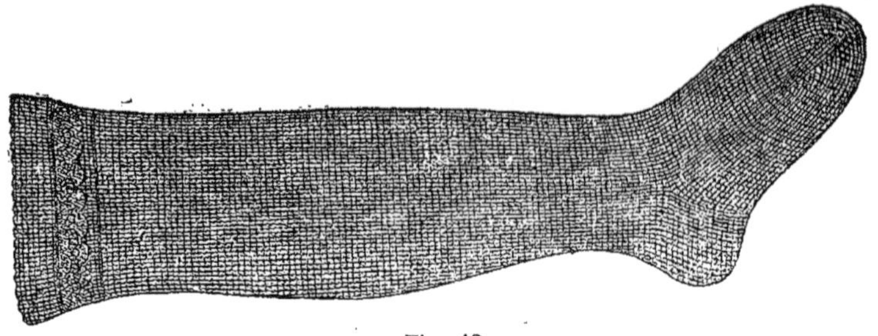

Fig. 12

l'ourlet est produit par l'enlèvement d'une aiguille dont on rejette la maille sur l'aiguille voisine.

ARTICLE 24

Bas à jours en soie

L'ourlet est fait d'après l'art. 3 et la dentelle du bas de l'ourlet et du coude-pied est produite par l'enlèvement de 2 aiguilles l'une à côté de l'autre. Pour obtenir les grands jours il faut faire sauter

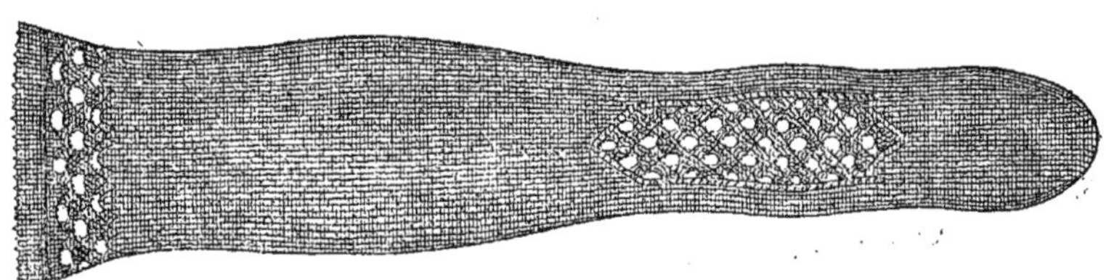

Fig. 13

la maille à chaque tour sur les aiguilles pleines à laisser entre les jours. Les bords de la dentelle sont faits comme dans le bas, art. 21, fig. 9, 10, 13.

ARTICLE 25

Bas sans diminutions ayant la forme des bas diminués

Après avoir tricoté le bord à côtes ou l'ourlet à revers comme il est dit ci-devant art. 2, si vous désirez un bas montant au-dessus du genou, tricotez le bord lâche, c'est-à-dire avec peu de poids. Arrivé au-dessous du genou, tricotez serré en augmentant le poids et la tension du fil que vous passez sur la troisième fourchette à gauche ou à droite tricotez de cette manière jusqu'à ce que vous soyez arrivé à la naissance du mollet, puis enlevez le fil de la troisième fourchette, diminuez de poids et tricotez le mollet seulement avec un poids. Le mollet étant fait, ajoutez un poids, passez le fil sur la troisième fourchette et arrivé à la jambe, mettez le troisième poids et tricotez la cheville, le talon, le plat du pied et la pointe avec la même tension.

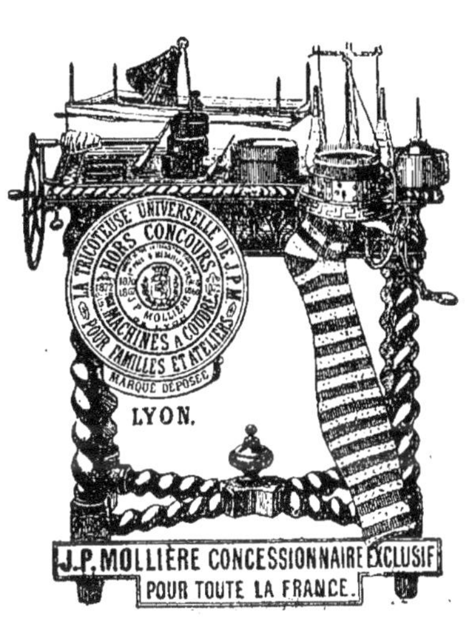

Fig. 14

L'opérateur expérimenté qui suivra exactement les tensions indiquées ci-dessus, obtiendra un bas ayant les formes naturelles, en moitié moins de temps qu'il n'en faudrait pour faire un bas diminué.

ARTICLE 26

Bas d'Enfants sans diminutions

Prenant pour base le cylindre de 72 aiguilles, enlevez une aiguille sur deux, de façon à obtenir 36 aiguilles régulièrement espacées et tricotez le bas avec les proportions indiquées au tableau et avec les tensions désignées à l'article précédent, Le bas d'enfant est bien plus beau avec diminutions mais alors il faut le faire à plat dans toute sa longueur et avec le nombre d'aiguilles indiqué aux tableaux de proportions (troisième partie). Opérez de la même façon pour les cylindres de 100, 130, 160, 180, 200 et 240 aiguilles.

Fig. 15

ARTICLE 27

Bas à semelles.

Prenant pour base le cylindre de 100 aiguilles, le bord et la jambe ainsi que les diminutions se font comme pour les autres bas. Arrivé au commencement du talon, ayant diminué 24 aiguilles, il en reste 76. Levez au point mort 19 aiguilles à droite et 19 aiguilles à gauche. Tricotez le dessous du pied ou semelle en faisant 70 tours sur les 38 aiguilles restant en fonction sur le derrière de la machine. Faites ensuite la pointe comme il est dit à l'article 17. Cassez le fil et faites tomber des aiguilles la pointe qui vient d'être tricotée.

Enlevez les aiguilles vides avec lesquelles vous venez de tricoter, baissez les 19 aiguilles qui sont au point mort à droite et à gauche, et rapprochez-les sur le devant de la machine, de façon à ce qu'il ne reste aucun espace entre elles. Vous avez ainsi 38 aiguilles avec lesquelles vous tricotez 40 tours pour le talon, soit rond, soit carré. Le talon fait, cassez le fil si le talon est carré, et faites tomber ce talon des aiguilles, et remmaillez les deux bords sur les mêmes aiguilles comme cela se fait à la main. Enlevez une aiguille de chaque côté, jetez-en la maille sur l'aiguille voisine, tous les tours, jusqu'à ce que vous ayez enlevé 5 aiguilles de chaque côté. Tricotez ensuite à plat sans diminution 60 tours, diminuez la pointe comme pour la partie du dessus du pied que vous avez déjà faite, en laissant à cette pointe le même nombre d'aiguilles pour le remmaillage. Cassez le fil et faites tomber cette deuxième pointe, et remmaillez ensuite les mailles de la pointe et le talon s'il a été fait carré suivant l'article 15, et les deux acôtés du pied comme à l'article 16. Opérez de la même façon et suivant les tableaux pour les cylindres de 130, 160, 180, 200 et 240 aiguilles. Le nombre d'aiguilles employées vous donnera le nombre de tours à faire en plus.

ARTICLE 28

Solettes pour Bas et Chaussettes.

Ce travail se fait avec une rapidité et une facilité extraordinaires. On tricote toujours avec la moitié des aiguilles du cylindre.

Prenant pour base le cylindre de 72 aiguilles, enlevez-en 36 commencez avec les 36 restant, et travaillez comme pour le talon rond ou carré, dit à la Française, articles 6 et 8. Tricotez ensuite la longueur du pied désiré en suivant les proportions des tableaux troisième partie, et faites la pointe comme il est dit article 15. Cassez le fil et fermez la maille du bord en prenant la dernière faite avec une aiguille de la machine et en opérant comme pour reprendre les mailles tombées; opérez de la même façon pour les cylindres de 100, 130, 160, 180, 200 et 240 aiguilles. Le nombre d'aiguilles employées vous donnera lenombre de tours à faire en plus. (Voir les tableaux troisième partie.)

ARTICLE 29

Remmaillage formant le point de couture avec une aiguille de la Machine sans emploi de fil.

Pour faire un bas avec le point de couture du haut en bas, enlevez sur le devant de la machine 2 aiguilles et tricotez cylindriquement jusqu'aux diminutions. Pour le reste du bas, suivez les indications des numéros y relatifs.

Pour obtenir un point de couture formant la maille à l'envers sans emploi de fil et avec l'aiguille même de la machine, tournez le bas à l'envers, et avec la même aiguille prenez le premier fil du haut du bas qui est resté horizontal et droit par suite du manque des deux aiguilles, faites-le passer en dessous de la petite cuillère de l'aiguille, passez le second fil entre la petite cuillère et le crochet, tirez à vous, la première maille sera formée et s'échappera; ramenez alors la deuxième maille qui est dans le crochet de l'aiguille, au-dessous de la petite cuillère, mettez le troisième fil dans le crochet de l'aiguille, tirez à vous, la deuxième maille s'échappera et ainsi de suite jusqu'aux diminutions. Arrivé là, le bas étant ouvert, prenez la première grande maille du bord de droite, passez-la au-dessous de la petite cuillère, prenez la première grande maille du bord de gauche, mettez-la dans le crochet de l'aiguille, tirez à vous, la maille de droite passera dans celle de gauche; repoussez l'aiguille pour faire descendre la maille de gauche au-dessous de la petite cuillère, prenez par le crochet de l'aiguille la deuxième de droite, tirez à vous, la maille de gauche passera dans celle de droite. Continuez ainsi, et vous aurez votre bas fermé avec un point de couture formant maille à l'envers.

ARTICLE 30

Remmaillage du point de couture avec fil pour Bas et Chaussettes tricotés entièrement à plat.

Prenez à l'endroit les petites mailles du bord de gauche et de droite avec une aiguille à tapisserie munie de fil, une à une. De cette manière vous obtiendrez un point de couture.

Ce même point se fait plus facilement en prenant à l'envers les grandes mailles une à une, la maille se présentant mieux.

On peut également former le point de couture en prenant les grandes et les petites mailles au point de surjet.

ARTICLE 31

Remmaillage par la machine même.

Pour réunir les bandes tricotées à plat, des châles, tricots, couvertures, jupons, vêtements quelconques, etc., après avoir tricoté la première bande, recommencez une deuxième bande, et au premier tour le guide-fil étant à droite des aiguilles employées, prenez la première grande maille du bord avec le crochet des mailles du côté droit de la lisière et placez-la sur la première aiguille de gauche; tournez la manivelle à gauche et revenez à droite; mettez la deuxième maille de droite de la lisière de la première bande sur la même aiguille. Tournez la manivelle à gauche, revenez à droite, mettez la troisième maille du bord de la bande toujours sur la même aiguille et ainsi de suite, la deuxième bande se tricotera en se remmaillant sur la première, en en formant une seule que vous remmaillerez sur la bande suivante à faire de la même façon Vous avez ainsi un remmaillage identique au tricot. On peut varier les nuances à chaque bande.

ARTICLE 32

Remmaillage en biais ou en ligne directe par la machine même.

Pour relier en biais des rubans, dentelles ou autres ornements sur le tricot, le guide-fil étant à droite des aiguilles employées, passez le bord du ruban sur la première aiguille à gauche, tournez la manivelle à gauche et revenez à droite, passez le ruban sur la deuxième aiguille du bord, faites tourner la manivelle à gauche, revenez à droite, passez le ruban sur la troisième aiguille et ainsi de suite, le ruban ou la dentelle sera relié dans le tissu.

Si l'on veut relier les ornements en ligne directe, mettez la bande d'un seul coup sur toutes les aiguilles.

ARTICLE 33

Tricots à jours

Les tricots à jours s'obtiennent en enlevant une aiguille là où l'on dèsire un jour et en jetant la maille sur l'aiguille voisine de droite ou de gauche ; on arrivera ainsi à produire des dessins à l'infini. Nous allons en indiquer quelques-uns pour initier les commençants.

ARTICLE 34

Le Carreau.

Ce dessin se fait en enlevant à chaque tour une aiguille sur deux, et en passant la maille de l'aiguille enlevée sur l'aiguille voisine à droite ou à gauche; faites deux tours, replacez vos aiguilles dessous le fil du dernier tour qui a été fait; faites un tour et la maille sera reformée; rejetez cette maille sur l'aiguille voisine toujours du même côté, enlevez l'aiguille et continuez de même.

Vous aurez un plus beau dessin en changeant chaque fois d'aiguille à enlever, c'est-à-dire en prenant l'aiguille voisine de celle enlevée précédemment et en jetant la maille sur la voisine.

ARTICLE 35

La Spirale

Ce dessin se fait comme le carreau mais on ne fait qu'un seul tour au lieu de deux et on enlève 2 aiguilles à la fois dont on jette les mailles à droite et à gauche.

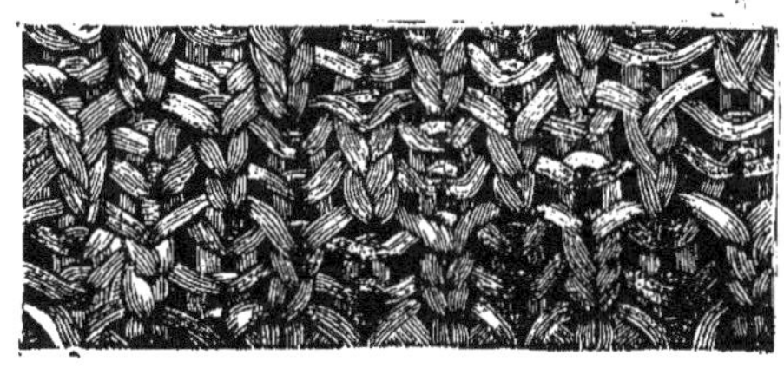

Fig. 16

ARTICLE 36

Le Zigzag

Ce dessin se fait comme la spirale, mais enlevez une aiguille seulement et jetez-en la maille sur l'aiguille de droite, replacez l'aiguille faites un tour, tordez le fil avec l'aiguille et passez-le sur l'aiguille de gauche, replacez l'aiguille enlevée, faites un tour tordez le nouveau fil, jetez-le sur l'aiguille de droite et ainsi de suite.

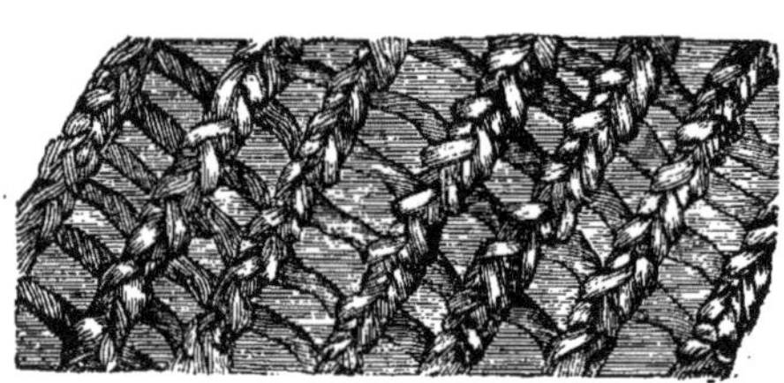

Fig. 17

ARTICLE 37

Le Point d'arète

Ce point se fait comme le précédent mais au lieu de jeter la maille tous les tours à droite ou à gauche, ne la jetez que tous les trois ou quatre tours.

Fig. 18

ARTICLE 38

Le Point d'Ananas

Fig. 19

Ce point se fait comme le précédent, seulement après avoir jeté les mailles trois ou quatre fois à droite, jetez-les trois ou quatre fois à gauche et vice-versa en continuant toujours avec la même aiguille.

ARTICLE 39

Le Point de Ruche

Fig. 20

Ce point se fait comme le précédent, seulement jetez chaque fois à droite la maille que vous avez jetée à gauche et vice-versa.

VÊTEMENTS, CHAUSSURES, ETC

Les différents genres de travaux que nous allons décrire se font à plat ou cylindriquement. Dans ce dernier cas, ils se font très-vivement et d'une façon bien plus pratique en permettant à tout le monde de les faire sans aucun apprentissage et sans perte de temps ni de matière. Pour cela, opérez de la façon suivante :

Tricotez cylindriquement un tube que vous ouvrirez ensuite et qui vous donnera une bande de 20 à 40 centimètres de largeur suivant le cylindre et la matière employés. Dans cette pièce, vous taillerez les vêtements, chaussures, etc., suivant les formes que vous désirerez, et vous recoudrez ensuite avec une aiguille à tapisserie, munie de fil semblable au tricot.

On peut faire de 5 à 10 mètres de tube à l'heure et arriver à produire ainsi très-rapidement toute espèce de chaussures, vêtements, etc.

ARTICLE 40

Chausson fourré pour hommes (Fig. 21, 22, 23 et 24)

Ce chausson se tricote avec la matière que l'on désire, comme la chaussette avec bord à côtes et à ourlet, et le reste comme dans la chaussette ordinaire. On peut le fourrer en passant de la laine à l'intérieur avec une aiguille à tapisserie. On peut également tricoter à part des semelles avec du velu et les glisser à l'interieur des chaussures.

Pour fabriquer des chaussons ordinaires, c'est-à-dire sans botte avec oreille dessus et en employant de la laine commune, opérez comme suit :

Fig. 21

Commencez sur le cylindre de 72 aiguilles par le côté droit du talon avec 36 aiguilles placées à droite du cylindre, en laissant un vide de 3 aiguilles sur le devant à partir du centre; faites 3 tours et augmentez d'une aiguille sur le devant en déplaçant les deux premières pour faire le vide de celle à augmenter, et prenez avec cette dernière la maille sur la deuxième aiguille. Faites 3 tours, augmentez ensuite d'une aiguille et continuez jusqu'à ce que vous ayez augmenté 8 aiguilles; mais à la dernière augmentation, faites 5 tours au lieu de 3. Diminuez ensuite une aiguille sur le devant en prenant la troisième aiguille et jetez la maille sur la deuxième, et refoulez les deux autres pour remplir le vide. Diminuez une aiguille sur le derrière en enlevant la première aiguille du bord et en jetant la maille sur la deuxième, et continuez ainsi jusqu'à ce que vous ayez enlevé 10 aiguilles en cinq fois. Faites 5 tours après chaque diminution. A ce moment il ne doit rester que 24 aiguilles et le côté droit du talon sera achevé.

Ce côté étant fait, montez les 24 aiguilles au point mort et placez à gauche du cylindre 26 autres aiguilles de façon à laisser avec celles au point mort un espace de 8 aiguilles sur le devant, et faites le côté gauche avec augmentations et diminutions, comme le côté droit.

Le côté gauche étant tricoté, refoulez les aiguilles de façon à ce qu'elles touchent celles au point mort et mettez-les également au point mort. A ce point vous avez 48 aiguilles occupées. Il reste un vide de 24 aiguilles sur le derrière. Commencez la patte du coude-pied du chausson en plaçant au centre sur le derrière 2 aiguilles, et faites 2 tours. Augmentez à droite et à gauche de une aiguille, faites 2 tours et continuez ainsi jusqu'à ce que le cylindre soit complet. A ce point baissez toutes les aiguilles qui sont au point mort, et tricotez cylindriquement le pied en faisant de 50 à 70 tours suivant la matière employée et la grandeur du pied. Diminuez la pointe d'un seul coup comme il est dit, article 18.

Remmaillez le bout de la pointe et le dessous du talon comme il est dit article 16, et le derrière du chausson en coupant le premier tour et démaillant le deuxième au fur et à mesure du remmaillage, comme à l'article 15.

Si vous désirez avoir le chausson drapé ou feutré, tricotez-le un tiers plus grand en suivant les mêmes proportions, et faites-le fouler.

Si vous voulez remmailler le côté droit du talon une fois fait, par la machine même, avant de faire le côté gauche, enlevez l'entonnoir, coupez la première maille et défaites le deuxième tour au fur et à mesure que vous prendrez la maille avec l'aiguille de la machine pour tricoter le côté gauche. Le remmaillage sur les aiguilles étant fait, tricotez le côté gauche.

Si on emploie de la matière plus fine, on peut faire le chausson avec tous les cylindres. Le nombre d'aiguilles à employer devra être calculé dans les mêmes proportions.

ARTICLE 41

Demi-botte ornementée pour dames et hommes

Cette chaussure se tricote avec côtes, le dessus du coude-pied avec une maille jetée qui produit le dessin ci-dessus, ornée du dessin 17 avec glands tricotés à la machine.

Le tout peut varier de couleur; tricotez la semelle séparément avec de la grosse laine et réunissez le tout ensemble.

Fig. 22

ARTICLE 42

Soulier pour Dames et Enfants

Ce soulier se tricote avec de la laine fine en trois pièces. Le pourtour est bordé avec un ornement fait avec la machine. Tricotez la semelle séparément avec de la grosse laine et réunissez le tout ensemble. On peut faire la bordure d'une autre nuance que le tricot si on le désire.

Fig. 23

ARTICLE 43

Chausson pour dames avec franges et glands

Ce chausson se tricote de la même façon que la chaussette, pointe et talon ronds. Si l'on désire avoir l'ouverture du coude-pied faite par la machine même, tricotez le chausson à plat. Si vous tricotez cylindriquement, ce qui est bien plus vite fait, coupez ensuite la place de l'ouverture du coude-pied et bordez-la avec une frange de plusieurs couleurs avec cordon et glands, le tout fait par la machine. On peut aussi si on le désire, faire le chausson avec pointe anglaise et talon carré.

Fig. 24

ARTICLE 44

Chausson pour enfants

Ce chausson se fait comme le précédent. Le cordon se fait à la machine suivant l'article 68 (*Cordons et passementeries*).

Fig. 25

ARTICLE 45

Pantoufle

La pantoufle se tricote de la même façon que la solette art. 28, mais le dessus du pied doit être tricoté un peu plus long. Le bord

Fig. 26

est orné de crépu et d'une rosette faite avec des franges ou de la mousse disposée suivant le dessin et en variant les couleurs.

ARTICLE 46

Guêtres pour dames et enfants

Fig. 27

Fig. 28

Le bord se tricote de la même manière que celui des bas ou

chaussettes, ainsi que le mollet et le bas de la jambe. Arrivé au commencement du talon opérez comme pour le bas à semelles en ayant soin de faire le talon un peu moins grand que pour un bas ordinaire et de même pour le dessous du pied.

ARTICLE 47

Jupon

Les jupons peuvent se faire en laine, en soie ou en coton, à volonté. On les tricote par bandes diminuées et on les remmaille ensuite On peut placer au bas des garnitures de diverses couleurs, tricotées par la machine.

Fig. 29

ARTICLE 48

Corsets (Fig. 30)

Les corsets se font par bandes avec augmentations et diminutions et ces bandes se réunissent en les tricotant par la machine même, en suivant les indications de l'article 31. Les épaulettes sont composées avce la quantité de mailles nécessaires à la grandeur que l'on veut obtenir, tricotées à plat et remmaillées sur le tricot du corset suivant les indications des articles 31 ou 16.

ARTICLE 49

Robes d'enfants (Fig. 31)

Cette robe se tricote par bandes avec diminutions et augmentations. Le haut du corsage et le bas sont faits avec côtes et à jours ainsi que le haut des manches. Le dessus de ces côtes est garnie avec une bordure de plusieurs nuances que l'on peut faire à la machine.

Fig. 30

ARTICLE 50

Manteau orné pour dames. — Devant. (Fig. 22)

Le tricot du fond se fait par bandes avec augmentations et diminutions, soit en laine, en soie ou en coton et de couleurs variées. Le bord est entouré d'une bordure à côtes sur laquelle se trouve un cordon de plusieurs couleurs servant de tête à la frange le tout fait à la machine (voir articles 67, 68 et *Franges et Passementeries*). On peut, du reste, varier ce genre de dessin et de

Fig. 31

Fig. 32

tricot à l'infini suivant le goût et l'expérience de la personne qui travaille.

ARTICLE 51

Manteau orné pour dames. — Dos

Fig. 33

Le tricot du fond se fait par bandes comme pour le devant. Le dessin du fond est formé par une bordure à côtes et terminé par un gland fait à la machine. Au-dessous se trouve un nœud de couleurs variées formé par une bande tricotée à la machine. Comme pour le devant on peut varier les dessins suivant qu'on le désire.

ARTICLE 32

Corsage pour dames

Ce corsage se tricote avec de la laine, de la soie ou du coton, comme le corset, par banbes, avec diminutions et augmentations

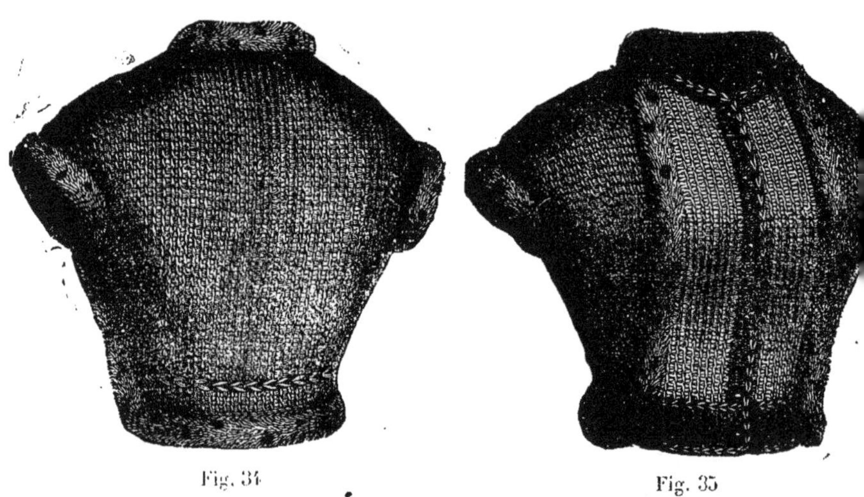

Fig. 34 Fig. 35

se réunissant sous le bras, sur les épaules et dans le dos. Le bord est fait en velu avec point noirs dans la laine imitant l'hermine.

ARTICLE 33

Veston ou Jaquette pour enfant

Le devant (fig. 37) se tricote à plat par bandes, sans diminutions et le dos (fig. 36) avec diminutions. Le capuchon est tricoté comme le béret rond en diminuant conformément à l'art. 60 (*Béret*). Le bord est entouré d'une dentelle et de glands faits à la machine.

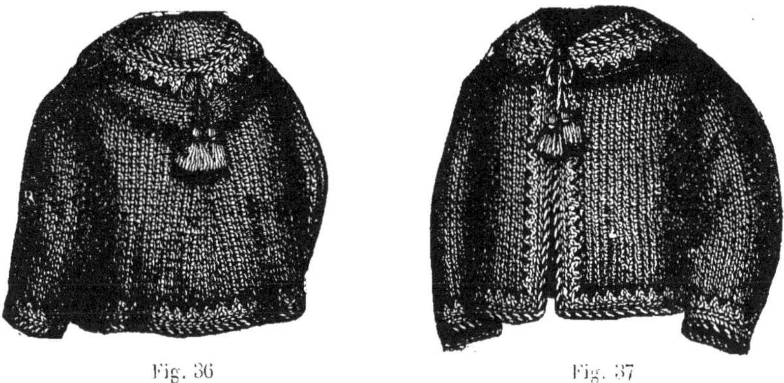

Fig. 36 Fig. 37

ARTICLE 54

Gilet pour hommes, dames et enfants

Fig. 38

Ce gilet se fait par bandes avec ou sans diminutions suivant la forme que l'on veut lui donner. Les manches sont tricotées cylindriquement ou à plat et sont remmaillées au tricot qui se fait ouvert ou fermé et de couleurs différentes si on le désire.

ARTICLE 55

Bretelles

Les bretelles se font soit en laine en soie en coton, ou en caoutchouc à plat en variant les dessins et les couleurs, si on le désire. Les boutonnières se font dans le tricot en jetant la maille à droite et à gauche pour former le jour de la boutonnière, une fois faite prenez la maille de droite et de gauche et avec les 2 aiguilles qui ont servi à faire la boutonnière, remettez-les à leur place et continuez.

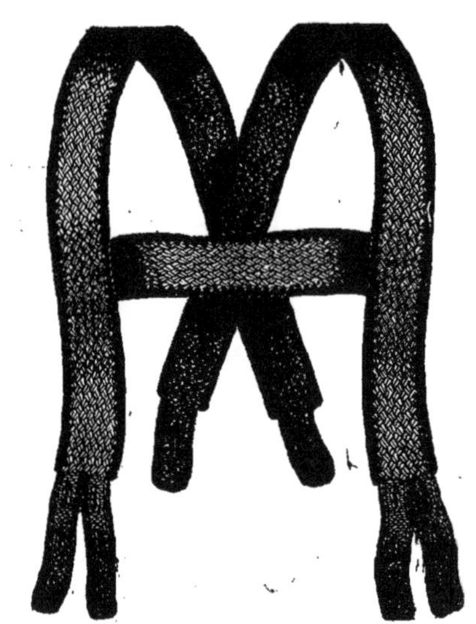

Fig. 39

ARTICLE 56

Gants sans couture tricotés entièrement à la machine.

Les gants moyens d'hommes et de dames se commencent généralement avec 80 aiguilles et les gants d'enfants avec 55 à 75 aiguilles suivant la grandeur de la main. Prenant pour point de départ un gant à tricoter avec 80 aiguilles, enlevez sur le devant du cylindre les aiguilles en plus des 80.

Si vous désirez une manchette serrant le poignet, enlevez une aiguille toutes les deux comme pour faire la côte. Faites 14 tours, enlevez l'entonnoir, reprenez les mailles comme il est dit articles 1, 2, 3. Faites ensuite 15 tours pour la longueur de la manchette et replacez les 40 aiguilles enlevées en prenant les mailles sur les aiguilles voisines comme dans le bas à côtes (article 1), et faites 6 tours.

Fig. 40

Dans le cas où vous ne voudrez pas de manchette, n'enlevez pas d'aiguille et faites seulement les 14 tours pour l'ourlet et les 6 tours en sus. Commencez ensuite l'augmentation du pouce en déplaçant à droite et à gauche 5 aiguilles pour gants d'hommes, 4 pour gants de dames et 3 pour gants d'enfants, afin d'obtenir le vide d'une aiguille de chaque côté; placez dans ces vides deux nouvelles aiguilles en prenant la maille sur l'aiguille voisine, celle de droite à droite, celle de gauche à gauche. (Voir article 1.) Faites 5 tours pour hommes, 4 pour dames et 3 pour enfants. Déplacez ensuite 6 aiguilles de chaque côté comme vous l'avez déjà fait, afin de pouvoir augmenter encore 2 aiguilles en prenant toujours la maille sur la même aiguille. Faites le même nombre de tours qu'après la première augmentation, et continuez ainsi jusqu'à ce que vous ayez augmenté de 20 aiguilles pour gants d'hommes ou de dames, ce qui termine les augmentations du pouce.

Commencez ensuite le pouce seul sur le devant de la machine avec 28 aiguilles, montez les 72 autres au point mort et placez vos arrêts. Diminuez d'une aiguille de chaque côté; faites 40 tours sans diminution; diminuez d'une aiguille de chaque côté des vingt-six restant en jetant la maille de la deuxième du bord sur la première et enlevez les 2 aiguilles; rapprochez les deux autres pour remplir le vide. Faites 1 tour diminuez de nouveau une aiguille de chaque côté, faites un tour et continuez ainsi jusqu'à ce qu'il ne vous reste plus que 6 aiguilles. Faites 3 tours au lieu d'un après la dernière diminution. Coupez le fil et faites tomber le tricot des aiguilles, enlevez les 6 aiguilles vides et baissez les 72 qui étaient au point mort.

Pour tricoter de la hauteur du pouce au petit doigt, replacez les 28 aiguilles enlevées pour le pouce comme il est dit ci-après.

L'augmentation se fait par 4 aiguilles à la fois tous les 2 tours pendant six fois et par deux aiguilles à la fois tous les 2 tours pendant deux fois. Les 4 aiguilles d'augmentation se placent dans les trois espaces séparant les quatre doigts, soit deux aiguilles à droite et deux à gauche du cylindre. Pour placer les aiguilles à augmenter, divisez en quatre parties les 72 aiguilles restant sur le cylindre, afin de pouvoir tricoter chacun à son tour les quatre doigts qui restent à faire.

Laissez sur le derrière de la machine le support des fils servant de milieu, 18 aiguilles pour le petit doigt, 9 aiguilles à droite et 9 à gauche de ces 18 aiguilles pour l'annulaire ; 9 à droite et 9 à gauche pour le majeur, et enfin 9 à droite et 9 à gauche pour l'index. Marquez ensuite la division des doigts par un fil de couleur que vous placez sur la dernière aiguille de chaque doigt que vous avez divisé, c'est-à-dire sur l'aiguille de droite et sur celle de gauche séparant les doigts pour les tricoter séparément lorsque la hauteur de la main sera faite.

1° Pour commencer à placer les deux premières aiguilles d'augmentation dans le petit doigt, soit une à droite et une à gauche. Déplacez à droite et à gauche 28 aiguilles de façon à former un vide pour placer une aiguille à droite et une à gauche avec lesquelles vous prendrez du côté droit la maille sur l'aiguille marquée à droite et du côté gauche, la maille sur l'aiguille marquée à gauche.

Pour former l'augmentation de 2 aiguilles dans l'annulaire, déplacez à droite et à gauche 26 aiguilles de façon à former un vide pour poser une aiguille de chaque côté, et prenez pour l'aiguille placée à droite la maille sur l'aiguille marquée de gauche, et pour l'aiguille placée à gauche la maille sur l'aiguille marquée de droite.

Les aiguilles marquées ne doivent jamais se séparer; les mailles des aiguilles d'augmentation devant toujours être prises sur ces aiguilles, mais devant être toujours faites en dehors de ces aiguilles, c'est-à-dire prises à droite et à gauche de ces deux aiguilles marquées. Faites deux tours.

2° Augmentez ensuite de 2 aiguilles dont une de chaque côté, le doigt majeur en déplaçant 10 aiguilles à droite et à gauche. Déplacez ensuite 8 aiguilles pour augmenter l'index de 2 aiguilles dont une de chaque côté. Prenez toujours les mailles des aiguilles marquées comme il est dit ci-dessus. Faites deux tours.

3° Augmentez de 2 aiguilles dont une de chaque côté, le doigt annulaire en déplaçant 21 aiguilles de chaque côté. Augmentez le doigt majeur d'une aiguille de chaque côté en déplaçant 19 aiguilles de chaque côté. Prenez toujours la maille sur les aiguilles marquées. Faites deux tours.

4° Augmentez le petit doigt de 2 aiguilles dont une de chaque côté, en déplaçant de chaque côté 33 aiguilles. Augmentez le doigt annulaire d'une aiguille de chaque côté, en déplaçant de chaque côté 31 aiguilles, et prenez les mailles sur les aiguilles marquées comme il est dit ci-devant. Faites deux tours.

5° Augmentez d'une aiguille de chaque côté l'annulaire en déplaçant 22 aiguilles de chaque côté, et augmentez d'une aiguille de chaque côté le doigt majeur en déplaçant 20 aiguilles de chaque côté. Prenez toujours les mailles sur les aiguilles marquées. Faites deux tours.

6° Augmentez d'une aiguille à droite et une à gauche le doigt majeur en déplaçant 11 aiguilles de chaqué côté, et augmentez l'index d'une aiguille de chaque côté en déplaçant 9 aiguilles de chaque côté. Prenez toujours les mailles sur les aiguilles marquées. Faites deux tours.

7° Augmentez d'une aiguille de chaque côté de l'index en déplaçant à droite et à gauche 10 aiguilles, et prenez les mailles sur les aiguilles marquées. Faites deux tours.

8° Augmentez d'une aiguille de chaque côté de l'index en déplaçant à droite et à gauche 11 aiguilles, et prenez les mailles sur les aiguilles marquées. Faites deux tours et commencez le petit doigt sur le derrière de la machine.

PETIT DOIGT

Mettez au point mort les 39 aiguilles de chaque côté des 22 composant le petit doigt, et tricotez sur ces 22 aiguilles 35 tours sans diminutions ni augmentations. Divisez ensuite les 22 aiguilles en quatre parties comme pour la pointe des bas, mais laissez 2 aiguilles de chaque côté pour recevoir les diminutions. Vous avez de cette manière 9 aiguilles à gauche et 9 à droite. Diminuez 4 aiguilles à la fois en prenant l'aiguille voisine des quatre réservées pour recevoir les diminutions. Rapprochez les aiguilles au fur et à mesure des diminutions, de façon à ce qu'il ne reste aucun vide entre elles. Faites 2 tours et continuez à diminuer jusqu'à ce qu'il ne reste plus que 6 aiguilles. Faites 3 tours au lieu de 2 après la dernière diminution. Coupez le fil, faites tomber des aiguilles le tricot du petit doigt et enlevez les 22 aiguilles vides. Baissez les 78 aiguilles qui étaient au point mort (si vous opérez sur les cylindres de 130,

160, 180, 200 ou 240 aiguilles ; il existe un vide entre les aiguilles, rapprochez-les sur le devant de la machine, de façon à ne pas laisser de vide), placez les arrêts sur le derrière du cylindre et faites 8 tours pour former la hauteur de la main du petit doigt à la hauteur des trois autres doigts.

INDEX

A ce point, commencez l'index sur le devant de la machine avec 26 aiguilles et en mettant les 26 autres aiguilles de chaque côté au point mort. Faites 42 tours sans diminutions et diminuez ensuite par 4 aiguilles à la fois comme pour le petit doigt, jusqu'à ce qu'il ne reste que 6 aiguilles. Faites toujours 3 tours au lieu de 2 sur la dernière diminution. Coupez le fil, faites tomber des aiguilles le tricot de l'index et enlevez les 6 aiguilles.

DOIGT MAJEUR

Ayant tricoté l'index et le petit doigt, il reste un vide sur la derrière et sur le devant de la machine. Baissez les 52 aiguilles qui restent et qui étaient au point mort, et rapprochez les aiguilles de droite vers celles de gauche, afin qu'il ne reste aucun vide entre elles.

Tricotez le doigt majeur avec 26 aiguilles après avoir mis les 26 autres restant au point mort. Faites 45 tours sans diminutions, et diminuez par 4 aiguilles à la fois comme pour les doigts déjà faits, jusqu'à ce qu'il ne vous reste plus que 6 aiguilles. Faites toujours 3 tours sur la dernière diminution au lieu de 2. Coupez le fil, faites tomber des aiguilles le tricot du doigt majeur et enlevez les 6 aiguilles.

DOIGT ANNULAIRE

Baissez les 26 aiguilles qui étaient au point mort et tricotez l'annulaire en faisant 42 tours sans diminution, et diminuez ensuite par 4 aiguilles à la fois comme pour les autres doigts déjà faits, jusqu'à ce qu'il ne reste plus que 6 aiguilles. A la dernière diminution, faites 3 tours au lieu de 2. Coupez le fil et faites tomber le gant des aiguilles.

Le gant est terminé.

Remmaillez les 6 mailles de chaque bout de doigt comme à l'article 15, et les côtés des doigts comme à l'article 16.

Vous aurez ainsi un gant sans couture apparente et magnifique.

Il va sans dire que l'on peut faire sur le dessus de la main tous les dessins que l'on pourra imaginer et qui varieront suivant le goût de la personne.

RÉCAPITULATION DES OPÉRATIONS A FAIRE POUR LE TRICOTAGE DU GANT

1° Pour un main moyenne, commencez avec 80 aiguilles.

2° Pour une manchette serrant au poignet, enlevez une aiguille entre chaque aiguille.

3° Pour l'ourlet de la manchette, faites 14 tours.

4° Après l'ourlet, faites encore pour la manchette à côtes 15 tours.

5° Replacez les 40 aiguilles enlevées pour produire les côtes et faites 6 tours.

6° Pour l'augmentation du pouce, faites neuf augmentations de 5 tours chacune soit 45 tours.

7° Avec les 28 aiguilles du pouce seul faites 52 tours.

8° Avec les 28 aiguilles d'augmentation de la main au petit doigt, faites ensemble 18 tours.

9° Avec les 22 aiguilles du petit doigt, faites 46 tours.

10° Avec les 78 aiguilles formant le dessus des quatre doigts, faites 8 tours.

11° Avec les 26 aiguilles de l'index faites 53 tours.

12° Avec les 26 aiguilles du doigt majeur, faites 56 tours.

13° Avec les 26 aiguilles de l'annulaire, faites 53 tours.

Nota. — Les proportions varient naturellement suivant la grosseur de la main à ganter et la matière employée, mais la personne qui tricote devra se baser pour les tours et les augmentations à faire sur les chiffres portés ci-dessus.

ARTICLE 57

Mitaines.

Les mitaines se tricotent de la même façon que le gant. On ne fait que les augmentations du pouce. La main est ensuite tricotée sans augmentation. Faites seulement 20 tours pour la naissance du pouce. Pour la main après le pouce tricotez 40 tours. Coupez le fil et faites tomber le tricot. Avec l'aiguille de la machine remmaillez le bord de la mitaine en faisant un point de chainette avec les mailles du bord. Remmaillez ensuite la naissance du pouce et la partie entre le pouce et l'index, suivant l'article 16.

Ainsi que pour le gant, vous pouvez faire des dessins suivant votre goût et tricoter avec de la soie, de la laine ou du coton.

ARTICLE 58

Châles, tapis, couvertures, couvre-pieds, etc.

Ces pièces se tricotent à plat ou cylindriquement, et se coupent par bandes qui se remmaillent ensuite suivant l'un des moyens indiqués ci-devant. On peut varier les dessins et les couleurs à chaque bande.

ARTICLE 59

Capelines pour dames et Enfants.

Cette capeline se fait par bandes avec augmentations et diminutions les bandes remmaillées ensemble conformément à l'article 16, les bords ornés de garnitures de différentes couleurs faites à la machine.

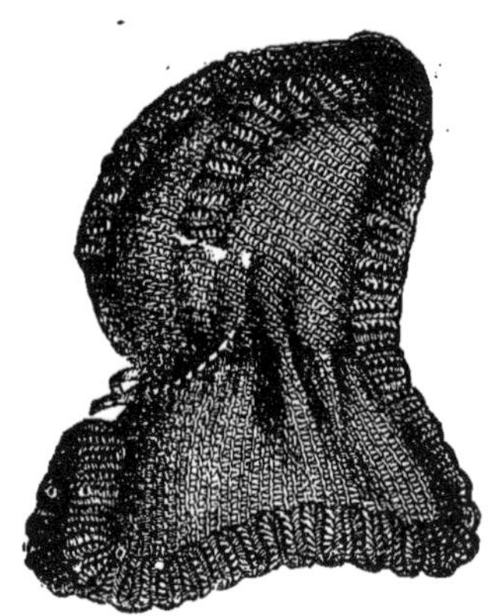

Fig. 41

ARTICLE 60

Béret rond.

Commencez avec 80 aiguilles et le premier tour fait, revenez à gauche, levez au point mort une aiguille et tricotez comme pour le talon rond en allant à droite et revenant à gauche. Levez au point mort la deuxième aiguille, allez à droite, revenez à gauche, levez au point mort la troisième aiguille et ainsi de suite jusqu'à ce que vous ayez levé 45 aiguilles. A ce point, baissez les 45 aiguilles d'un seul coup, revenez à gauche, levez la première aiguille au point mort et continuez comme vous avez fait précédemment jusqu'à ce que vous ayez levé six fois 45 aiguilles si la matière est grosse, et sept fois si elle est fine, de telle manière, en un mot, que le tricot forme une partie plane lorsque vous arriverez à le fermer, et remmaillez cette calotte suivant les articles 15 et 16.

Pour le bas de la calotte, tricotez à plat une bande de la même longueur que le pourtour de la tête à coiffer.

Remmaillez ces deux parties de calotte ensemble, garnissez-la intérieurement et le béret est terminé.

Si vous voulez un béret feutré, faites-le fouler et vous aurez un béret en feutre et non en tricot; mais dans ce cas faites-le un tiers plus large, le foulage rétrécissant le tricot dans cette proportion.

On peut du reste fouler toute autre espèce de coiffure dans les mêmes conditions.

La grandeur de ces coiffures dépend naturellement du nombre d'aiguilles que l'on emploie. Celui indiqué ci-dessus est pour une tête ordinaire d'homme.

ARTICLE 61

Béret carré.

Pour obtenir le béret avec un fond carré, il faut opérer comme pour le béret rond ; mais comme la grandeur du fond dépend des aiguilles que l'on lève, en levant 30 aiguilles, ce chiffre est généralement suffisant pour faire le fond carré. Arrivé à la trentième aiguille, baissez ces 30 aiguilles, mais une à une seulement tous les 2 tours et en commençant par la trentième comme vous faites pour le talon rond, sans passer le fil derrière l'aiguille.

Faites quatre fois cette opération et vous aurez le fond du béret carré et le tour de tête rond. Enlevez-le de la machine et remmaillez-le comme à l'article 15 ou 16.

Si vous ne trouvez pas le béret suffisamment haut, faites une bande pour le tour de tête et remmaillez-la sur le béret.

ARTICLE 62

Bonnets grecs.

Les bonnets grecs peuvent se faire de couleurs et de dessins variés avec de la laine, du coton ou de la soie, en opérant comme pour le béret rond, mais en levant seulement 30 aiguilles pour une tête ordinaire ou 25 aiguilles pour une petite tête. Faites sept fois cette opération et remmaillez ensuite. Si le bonnet n'est pas assez élevé, tricottez une bande que vous remmaillerez dessus. Vous pouvez donner plus de hauteur au bonnet sans mettre une bande, mais alors il faut employer 98 aiguilles au lieu de 80, et tricotez en baissant et levant les aiguilles alternativement comme cela est indiqué article 16 pour les cylindres 72 et 100 seulement.

Nota. — On peut varier les nuances pour chaque diminution de 25 ou 30 aiguilles. On obtiendra aussi de cette façon des châles, des couvertures et des couvrepieds avec des dessins réguliers et de nuances variées entre elles.

ARTICLE 63

Dessous de lampe.

Le dessous de la lampe se fait à plat avec 20 à 25 aiguilles suivant la grandeur que l'on désire. Commencez avec l'entonnoir comme il est dit pour les travaux à plat. Le guide-fil étant à droite des aiguilles, faites un tour, levez 2 aiguilles et revenez à droite.

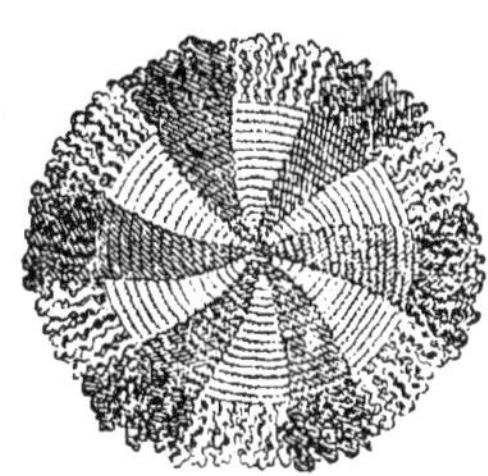
Fig. 42

Retournez à gauche et levez 2 aiguilles et ainsi de suite jusqu'à ce qu'il ne reste plus que 4 ou 8 aiguilles à lever à ce point, d'un seul coup baissez les aiguilles levées et continuez comme vous avez commencé. Si vous voulez obtenir un tricot multicolore avant de recommencer une nouvelle partie mettez une bobine de couleur différente et faites de même après chaque bande triangulaire que vous aurez tricotée. Lorsque vous aurez fait un nombre de bandes suffisant remmaillez à la main les deux bandes qui se touchent suivant les articles 15 ou 16. Huit à dix bandes suffisent généralement pour faire un dessous parfaitement rond. Posez ensuite un linge humide dessus et repassez-le avec un fer chaud. Défaites les bouts de chaque bande et vous aurez une frange frisée de la longueur du tricot sur lequel on n'a pas levé les aiguilles.

ARTICLE 64

Manchettes double ordinaire.

La manchette double ordinaire se fait cylindriquement avec ou sans cotes suivant le goût des personnes. Pour obtenir une petite largeur on enlève une aiguille sur deux. On peut faire une longueur indéterminée. Coupez ensuite pour faire la longueur de chaque manchette et remmaillez les deux bouts ensemble comme il est dit article 15. On peut changer de nuance de fil suivant son goût et après un certain nombre de tours.

Fig. 43

ARTICLE 65

Manchettes double à revers.

La manchette à revers est simple au milieu et les deux bouts sont doublés par un ourlet ou revers dont un est fait en suivant les prescriptions des articles 2 ou 3 par la machine même. Après avoir tricoté la longueur voulue, remmaillez intérieurement au point de surjet le bout sortant de la machine sur le tricot, de façon à lui faire former un ourlet semblable à celui déjà fait. Ayez toujours soin de prendre les mailles correspondantes du tricot d'en haut.

Fig. 44

ARTICLE 66

Velu ou astrakan bouclé ou non.

Pour faire de l'astrakan en petites bandes, on travaille avec 3 à 10 aiguilles.

Commencez comme dans le cas ordinaire et le premier tour fait, prenez un autre fil avec une broche à tricoter à la main et placez-la en dedans du cylindre, enlacez la première aiguille de la machine, revenez enlacer la broche du bas, et ainsi de suite jusqu'à ce que vous ayez garni toutes les aiguilles travaillant. Tenez la broche du bas éloignée des aiguilles de la machine en raison de la longueur du velu que vous désirez. Maintenez les boucles bien appuyées par le bas de façon à ce qu'elles soient au-dessous de la petite cuillère des aiguilles. Faites un tour de manivelle et recommencez la même opération.

Si vous désirez de l'astrakan bien fourni et de plusieurs couleurs, mettez deux ou trois fils à la fois et de couleurs différentes.

Si vous désirez une plus grande largeur, vous pouvez tricoter cylindriquement avec toutes les aiguilles en faisant d'abord le nombre de tours nécessaire pour pouvoir mettre la boucle des poids, et passez l'entonnoir par-dessus, dont vous vous servirez comme de la broche à bas. Après chaque tour, enlevez l'entonnoir et recommencez de même. Coupez ensuite d'une façon égale les boucles si vous voulez un tissu velouté ou du velu.

ARTICLE 67

Franges

Pour obtenir des franges ayant la moitié de la largeur du cylindre, placez devant vous 3 ou 4 aiguilles qui formeront la tête de la frange; mettez sur le derrière du cylindre la même quantité d'aiguilles que sur le devant, enlevez toutes les autres aiguilles et commencez avec l'entonnoir comme pour les autres tricots. Tricotez cylindriquement et vous obtiendrez des franges. Quand vous aurez cassé le fil et enlevé la bande que vous venez de tricoter, recoupez par le milieu les fils non tricotés et grillez suivant votre goût les fils dépassant la tête des franges.

Si vous désirez des franges doubles des précédentes, au lieu de couper les fils non tricotés, défaites l'une des deux têtes de la frange frisée. Pour obtenir de plus longs bouts frisés, faites une tête plus longue que l'autre.

Pour obtenir des franges de plus grande longueur, disposez sur le devant du cylindre les aiguilles nécessaires pour former le nombre de mailles dont vous voulez composer la tête de la frange.

Faites de même sur le derrière de la machine, mais placez vos aiguilles bien en face des autres. Placez ensuite isolément dans les deux intervalles vides existant entre le devant et le derrière de la machine, 2 ou 3 aiguilles seules qui retiendront le fil en passant sans le tricoter, et tricotez cylindriquement. Vous obtiendrez de cette manière des franges plus grandes que dans le cas précédent et ayant de 25 à 30 centimètres de longueur.

Si vous désirez des franges plus grandes encore, commencez avec toutes les aiguilles, et après le premier tour prenez à part des fils de 1 mètre si vous désirez une frange de 50 centimètres. Pliez-les en deux et accrochez-les sur chaque aiguille, les bouts pendants en dedans du cylindre. Les aiguilles étant toutes garnies, faites un tour, replacez à nouveau sur chaque aiguille des fils comme auparavant, faites un tour et ainsi de suite jusqu'à 4 ou 5 tours suivant que l'on veut une frange plus ou moins fournie.

Vous pouvez varier les nuances à chaque fil placé sur chaque aiguille.

Enlevez ensuite l'entonnoir et reprenez-en les mailles se trouvant à la tête de la frange, et placez-les sur les mêmes aiguilles comme pour l'ourlet du bas. Faites un ou deux tours. Enlevez la frange de la machine et passez un fil dans toutes les mailles du bord afin de fermer la maille et l'empêcher de se défaire.

ARTICLE 68

Cordons et passementerie

Pour obtenir un cordon mi-rond, placez 5 aiguilles sur le derrière ou le devant de la machine, à votre choix, et commencez avec l'entonnoir comme dans les cas ordinaires en mettant le fil dans l'ouverture d'en bas du conducteur et tricotez à plat sur ces cinq aiguilles. Vous obtiendrez ainsi une bande qui enlevée de la machine formera toute seule un cordon mi-rond.

Pour obtenir un cordon mi-rond et mi-carré tricotez avec quatre aiguilles seulement.

Pour avoir un cordon entièrement rond travaillez avec trois aiguilles cylindriquement.

Pour avoir un cordon parfaitement carré prenez deux aiguilles.

Pour avoir un petit cordon formant le point de chaînette, travaillez avec une aiguille seulement.

En travaillant cylindriquement avec une ou deux aiguilles seulement on forme un cordon parfaitement rond ou carré et fermé.

Ayez soin de tenir le tissu que vous tricotez assez tiré pour que les mailles descendent toujours bien au-dessous de la petite cuillère de l'aiguille.

TROISIÈME PARTIE

AVERTISSEMENT

Avant que d'aborder la troisième et dernière partie de cet ouvrage, dans laquelle nous établissons les *tableaux de proportions* pour le tricotage, soit à la main, soit à la machine, nous expliquerons en quelques lignes le but que nous nous sommes proposé en publiant ce Manuel du tricot.

La première partie comprenant onze articles est entièrement consacrée à la description du mécanisme et au fonctionnement de cette merveilleuse machine nommée *Tricoteuse universelle* de J.-P.-M., dont l'usage en est déjà si répandu, que nous ne doutons pas que dans un avenir très-prochain elle ait sa place marquée non-seulement dans les ateliers mais encore dans toutes les familles.

Déjà cette machine est une source de revenu pour la femme laborieuse, qui, obligée de rester constamment à son comptoir, n'y est cependant pas toujours occupée. C'est là que la *Tricoteuse universelle* de J.-P.-M. fait son œuvre et remplit son but; elle fonctionne dans les moments laissés libres par la clientelle et la femme, en dehors de ce qu'elle fait pour sa famille, trouve encore moyen d'ajouter un nouveau gain aux bénéfices que son commerce peut lui procurer.

La deuxième partie, composée de soixante-huit articles, traite exclusivement de la fabrication du tricot. Cette partie est excessivement importante, vu la grande quantité de modèles dont elle traite. Chacun des articles donne une manière variée de produire le tricot que l'on désire. Tous les travaux décrits dans cette 2e partie ont été établis pour être reproduits soit à la main soit à la machine.

Pour les *bas* et *chaussettes* de toutes dimensions, nous nous sommes étendus longuement en donnant un choix varié de fabrication; sept genres de talons et sept genres de pointes y sont expliqués; il sera donc facile à l'opérateur de choisir le modèle qui lui conviendra le mieux.

Plusieurs articles traitant spécialement du remmaillage figurent également dans cette même partie; ces articles permettront aux jeunes filles d'apprendre rapidement ce travail qu'on est appelé à faire à chaque instant dans les familles.

Mais la partie essentielle de ce Manuel est sans contredit la troisième; elle renferme toutes les mesures nécessaires pour fabriquer à la main ou au métier.

Les mesures sont indiquées dans *sept tableaux de proportions*, dont les chiffres sont établis de manière que chaque tableau contient douze numéros de bas ou de chaussettes, soit pour les sept tableaux 84 numéros de bas de différentes grandeurs, et 84 numéros de chaussettes également de grandeurs différentes. Les sept tableaux donnent aussi 36 numéros de mailles, ce qui produit 252 numéros de bas et 252 numéros de chaussettes et de mailles différentes.

Les chiffres établis pour chaque numéro de bas dans chaque

tableau en reproduisent neuf, dont nous donnons plus loin l'explication (art. 10).

Il y a aussi huit tableaux pour les pointes dont les calculs sont également établis d'avance sur des bases combinées, et l'opérateur n'aura qu'à suivre exactement ces tableaux.

La matière employée pour le tricot modifie aussi les dimensions; ainsi la matière fine donnera avec le même nombre d'aiguilles ou de mailles un tricot bien plus étroit que la matière grosse ; et c'est pour cela que nous avons établi dans chaque tableau et pour chaque numéro de bas ou de chaussettes trois numéros de matières qui, avec des chiffres différents, donnent exactement tous les trois les mêmes dimensions les uns que les autres.

Notre travail n'aurait pas été complet si nous n'avions établi dans l'intérêt des familles et des fabricants qui feront usage de notre Manuel, soit pour travailler au métier, soit pour travailler à la main, un tableau des matières à employer que nous avons placé au premier rang. Ce tableau indique les numéros métriques du kilo de chaque matière et le nombre de bouts que l'on doit employer en suivant l'un et l'autre des tableaux de proportions. Nous engageons vivement nos lectrices à ne point acheter de matière à tricoter sans avoir consulté ledit tableau, afin de demander au marchand le numéro métrique avec la quantité de bouts nécessaires pour le travail que l'on désire obtenir.

Revenons à l'explication des tableaux de fabrication du bas et de la chaussette. Quelle que soit la grandeur et la grosseur du pied de la jambe ou du mollet, on y trouvera dans les sept tableaux de proportions vingt-un numéros de bas et vingt-un numéros de chaussettes donnant tous la même mesure voulue, et pour le même pied. En suivant exactement les chiffres inscrits dans lacolonne horizontale du tableau à laquelle la longueur du pied serapporte, vous obtiendrez un bas et unechaussette ayant exactementla longueur et la largeur du pied, ainsi que celles de la jambe et du mollet.

La deuxième colonne verticale du tableau de proportions comprend toutes les grandeurs de pieds de l'être humain, commençant pour le plus petit à dix centimètres pour arriver au pied d'homme extra à trente centimètres.

Pour connaître le numéro du tableau que l'opérateur doit suivre, prenez avec un mètre divisé en centimètres, un campas de cordonnier également divisé, la mesure du pied à chausser du derrière du talon au bout du gros doigt de pied. Le nombre de centimètres de longueur du pied étant connu, cherchez dans le tableau le numéro correspondant à la grandeur du pied, et tricotez le bas ou la chaussette en suivant les nombres inscrits dans chaque colonne verticale. Vous aurez ainsi un bas parfaitement à la mesure voulue avec toutes les proportions régulières.

L'opérateur va sans doute nous demander comment il est possible qu'en prenant la mesure du pied on puisse produire un bas possédant toutes les proportions désirées de la jambe, du mollet et de la hauteur. Le problème est cependant parfaitement résolu, car les tableaux que nous soumettons aujourd'hui à l'appréciation du public, sont le résultat d'un travail poursuivi par l'auteur de cet ouvrage, depuis plus de vingt-cinq ans, et dont le succès est affirmé par la pratique et les expériences nombreuses faites pour obtenir les proportions de pieds de tous les êtres humains (1); aussi en suivant les chiffres que nous donnons dans lesdits tableaux, sommes-nous assuré d'arriver à la dernière perfection; tous ces chiffres, comme nous l'avons déjà dit, ayant été expérimentés au métier et à la main.

Jusqu'à présent nous ne connaissons aucun travail semblable, et nous croyons être le premier qui donnons par des bases combinées et des chiffres établis d'avance pour fabriquer tous les numéros de bas et de chaussettes, soit au métier, soit à la main.

(1) Voir l'ouvrage par le même auteur : « *Précis sur la chaussure par mécanisme à vapeur*, » imprimé en 1854, chez M. Vingtrinier, à Lyon.

Ces tableaux de proportions étant établis, on comprendra la facilité de leur emploi quand nous aurons dit qu'aussitôt qu'une petite fille saura lire les chiffres et connaître les mailles du tricot, elle pourra faire des bas de n'importe quelle dimension, en lui indiquant tout simplement le numéro à suivre sur le tableau.

En publiant le *Manuel du tricot,* nous avons été souvent obligé de nous répéter, mais ceci était indispensable pour la clarté et la netteté des explications ; nous pensons cependant avoir réussi, et nous espérons que cet ouvrage rendra des services marqués ; c'est pour cela que nous espérons qu'il prendra place dans toutes les familles, les pensionnats, les communautés religieuses et chez tous les fabricants de bonneterie, où il devient indispensable, soit que l'on fabrique pour le commerce, soit que l'on produise seulement pour son usage personnel. L'économie de temps et de matière qu'il apporte dans la fabrication du tricot nous est un sûr garant de sa réussite.

BARÊME

DES

PROPORTIONS POUR LA FABRICATION

DU TRICOT

A LA MAIN OU AU MÉTIER

ARTICLE PREMIER

Explication du Tableau Numéro 0 pour l'emploi des matières pour la fabrication du Tricot par la Tricoteuse universelle de J. P. M. où à la main.

Les cylindres employant des aiguilles plus ou moins fines, la matière dont on fait usage doit être en rapport avec la finesse et la grosseur des aiguilles, si l'on ne veut être exposé à les fausser ou avoir un tricot étroit ou trop clair.

Pour éviter les tâtonnements nous avons établi le tableau n° 0, qui donne d'une façon très-exacte les matières qu'il convient d'employer avec chacun des sept tableaux et des cylindres, que l'on tricote à la main ou au métier.

Ce tableau se compose de huit colonnes verticales. La première colonne indique les numéros métriques des matières que l'on doit employer, qui consistent en coton, coton anglais, fil, laine, fleuret, fantaisies, soie, cordonnets, etc.; les sept autres colonnes renferment les sept numéros de tableaux de *proportions de fabrication* afférent à chacun des sept cylindres, et chacune des sept colonnes possède trois petites colonnes qui portent en tête : gros, moyen, fin; le nombre de bouts qui s'y trouvent indiqués doivent être employés dans les mêmes trois petites colonnes correspondantes et renfermées dans les colonnes 5, 8, 11 des tableaux nos 1, 2, 3, 4, 5, 6 et 7 dont nous donnons les détails ci-après :

En se conformant à ces indications, on sera certain d'obtenir un tricot parfaitement souple, élastique, régulier et conforme aux sept tableaux dont il est parlé plus haut.

Nota. — Pour le tricotage à la main on doit employer les mêmes matières qui sont représentées dans les sept colonnes du tableau n° 0, et la matière que l'on emploiera donnera le numéro du tableau des *proportions de fabrication* que l'on devra suivre, comme nous l'avons dit ci-dessus, soit les nos 1, 2, 3, 4, 5, 6 et 7 déjà dénommés.

ARTICLE 2

Explication des Tableaux Numéro 1, 2, 3, 4, 5, 6, 7, des proportions de fabrication du Tricot pour bas et chaussettes produites *à la main* ou au métier.

Pour obtenir des proportions régulières et éviter les calculs à faire pour la confection des bas et chaussettes de toutes dimensions, nous avons établi sept tableaux indiquant toutes les opérations du bas et de chaussettes sur chaque cylindre.

Ces sept tableaux portent les nos 1, 2, 3, 4, 5, 6 et 7 et sont tous établis sur quatorze grandes colonnes verticales et treize colonnes horizontales. Il n'y a que les chiffres qui varient suivant le plus ou le moins de finesse du cylindre employé et de la maille. Les bas sont indiqués en douze numéros de grandeurs différentes, dont trois numéros pour hommes, trois numéros pour femmes et cadets, trois numéros pour fillettes et cadets de sept à quatorze ans, et trois numéros pour enfants de un à six ans.

Pour l'emploi des trois numéros de matière, soit grosse, moyenne et fine, on obtient trente-six numéros de grandeur et de qualités différentes les unes des autres, pour chaque tableau, soit 252 numéros de bas et 252 numéros de chaussettes de mailles différentes.

La première colonne verticale contient les numéros de grandeurs des bas.

La deuxième colonne verticale renferme la longueur en centimètres de chaque pied, et sert comme nous l'avons déjà dit de guide pour le bas ou la chaussette à faire. Après avoir mesuré le pied avec un mètre divisé en centimètres ou un compas de cordonnier, également divisé, en prenant du derrière du talon au bout du gros doigt de pied, prenez les chiffres indiqués dans la colonne horizontale correspondante à la longueur donnée, et arrivé à la dernière colonne du tableau, le bas sera fait conforme au pied mesuré.

La troisième colonne verticale donne le nombre d'aiguilles ou de mailles avec lesquelles on commence le bas.

La quatrième colonne verticale donne le nombre de tours à faire pour l'ourlet ou revers (articles 1, 2, 3 de la deuxième partie).

La cinquième colonne verticale indique le nombre de tours à tricoter de l'ourlet aux diminutions de la jambe. Elle est divisée en trois petites colonnes indiquant chacune le nombre de tours à faire suivant la matière employée. Nous avons déjà dit que chaque tableau donne trente-six numéros de grandeur et de qualité de mailles. Ce sont ces trois petites colonnes qui donnent trois genres de mailles à chaque nnméro de bas ou de chaussette suivant que l'on emploie de la matière grosse, moyenne ou fine. Faites suivant la matière employée le nombre de tours inscrits dans chaque colonne qui lui est afférente (articles quatrième, deuxième partie).

La sixième colonne verticale donne le nombre d'aiguilles ou de mailles que l'on doit diminuer du mollet à la jambe pour chaque numéro de bas et le nombre de tours que l'on doit faire sur chaque diminution (articles cinquième de la deuxième partie).

La septième colonne verticale contient le nombre total de tours à tricoter pour les diminutions. C'est à cette colonne que la chaussette se commence avec le même nombre d'aiguilles ou de mailles que les bas possèdent à ce point après les diminutions faites.

La huitième colonne verticale est divisée comme la cinquième colonne en trois plus petites colonnes donnant des chiffres différents en raison de la matière que l'on emploie. Elle indique le nombre de tours à faire des diminutions de la jambe au talon (articles quatrième de la deuxième partie).

La neuvième colonne verticale donne le nombre d'aiguilles que l'on doit faire fonctionner ou de mailles que l'on doit faire pour tricoter le talon (articles 6, 7, 8, 9, 10, 11 et 12 de la deuxième partie). A la main, le talon se fait d'un seul coup.

La dixième colonne verticale donne le nombre total de tours à faire de chaque côté pour tricoter le talon. Ce nombre de tours doit être rigoureusement observé. (Voir les articles 6, 7, 8, 9, 10, 11 et 12 de la deuxième partie.) A la main, le talon se fait d'un seul coup et avec le même nombre.

Toutefois nous devons dire que pour le talon à la Religieuse, on doit faire une réduction de tours en moins portés aux tableaux :

30 à 35 % pour hommes et femmes.

35 à 40 % pour fillettes et cadets de sept à quatorze ans.

40 à 45 % pour enfants de un à six ans (1).

En prenant pour exemple le bas n° 2 de femme tableau n° 6, soit

(1) Pour les coude-pieds élevés ou gros on doit faire moins de réduction que pour les coude-pieds ordinaires, attendu que plus l'on fait de tours à la patte du talon, plus le bas et la chaussette deviennent larges du talon au coude-pied.

200 aiguilles ou 200 mailles de largeur. Le tableau donne 36 aiguilles fonctionnant ou 36 mailles à faire pour le talon; ces 36 aiguilles ou mailles donnent 74 tours. En déduisant 35 %, soit 26 tours, il restera 48 tours seulement à faire pour le talon à la Religieuse (article douzième de la deuxième partie), qu'il soit fait au métier ou à la main.

On doit opérer dans les mêmes conditions pour tous les autres numéros de bas et de chaussette, pour tous les tableaux de *proportions de fabrication.*

La onzième colonne verticale indique le nombre de tours à tricoter pour faire le pied, à partir du talon jusqu'au commencement des diminutions de la pointe. Elle est divisée en trois petites colonnes, comme celles portant les n°s 5 et 8 (article quatorzième de la deuxième partie).

La douzième colonne verticale donne le nombre d'aiguilles ou de mailles que l'on a à diminuer pour terminer la pointe. Nous avons déjà fait connaître les divers modes de diminutions des aiguilles ou de mailles. Mais quelque soit celui que l'on emploie, divisez toujours le nombre de mailles ou d'aiguilles en quatre parties, et laissez de chaque côté quatre aiguilles ou mailles pour limiter les diminutions, si vous diminuez par quatre aiguilles ou mailles à la fois. Pour les diminutions par 8 aiguilles ou mailles à la fois, laissez-en six au lieu de quatre, et pour les diminutions par 12 aiguilles ou mailles à la fois, laissez-en huit de chaque côté (articles 17 et 18 de la deuxième partie).

La treizième colonne verticale se divise en trois petites colonnes renfermant chacune le nombre de tours à faire suivant que l'on emploie le mode de diminutions pour 4, 8 ou 12 aiguilles ou mailles à la fois. Pour chaque numéro de bas ou de chaussette, il est donné dans les tableaux spéciaux des pointes, le détail de nombre de tours pour chaque mode de diminutions dont le détail sera donné ci-après. (Articles 17 et 18 de la deuxième partie.)

La quatorzième colonne verticale indique le nombre total des tours faits pour tricoter chaque numéro de bas.

Les douze colonnes placées horizontalement renferment le nombre des opérations et des tours à faire pour les douze numéros de bas ou de chaussette que chaque tableau possède.

ARTICLE 3

Explication des tableaux Numéros 8, 9, 10, 11, 12, 13, et 14, des diminutions de pointes par 4, 8 ou 12 aiguilles ou mailles à la fois pour bas ou Chaussettes TRICOTÉS AU MÉTIER ou à la main.

Les diminutions de pointes par 4, 8 ou 12 aiguilles ou mailles à la fois, sont établies par les sept tableaux n°s 8, 9, 10, 11, 12, 13 et 14; ils renferment chacun trente-six petits tableaux ou cases reproduisant chacune de ces diminutions, ainsi que les numéros de bas et de chaussettes, soit ensemble 252 numéros. Donc l'opérateur n'aura qu'à suivre les chiffres qui s'y trouvent indiqués dans le même numéro correspondant avec chaque numéro de bas ou de chaussettes représenté dans les sept tableaux de *proportions de fabrication* expliqués ci-devant.

Ces sept tableaux de pointes sont tous identiquement établis sur le même modèle; il n'y a que les chiffres qui changent pour chacun des numéros, et comme nous l'avons dit plus haut, ils portent les numéros de 8 à 14, et ils sont employés avec les numéros de *proportions de fabrication,* c'est-à-dire que

le n° 8 s'emploie avec le n° 1
9 — — 2
10 — — 3
11 — — 4
12 — — 5
13 — — 6
14 — — 7

Ces tableaux sont composés de cinq colonnes verticales qui renferment les douze numéros de bas ou de chaussettes et de dix colonnes horizontales qui donnent diverses indications que l'on devra observer comme il va être dit ci-après.

COLONNES VERTICALES

La première colonne à gauche renferme les indications pour les diminutions par 4, 8 ou 12 aiguilles ou mailles à la fois.

La deuxième colonne indique les trois numéros de bas ou de chaussette pour hommes, ainsi que les douze petits tableaux ou cases de diminutions par 4, 8 ou 12 aiguilles ou mailles à la fois.

La troisième colonne pour femmes et cadets ; elle est établie dans les mêmes conditions que la deuxième.

La quatrième colonne pour filles et cadets de sept à quatorze ans, est également établie comme les deux précédentes.

La cinquième colonne pour enfants de un à six ans, est établie de même que les trois précédentes.

COLONNES HORIZONTALES

La première colonne donne les catégories pour hommes, femmes, fillettes et enfants.

La deuxième colonne fixe le numéro des douze grandeurs de pieds.

La troisième colonne indique par centimètres les longueurs des pieds qui correspondent aux mêmes centimètres contenus dans la deuxième colonne verticale des sept tableaux de *proportions de fabrication.*

La quatrième colonne fixe le nombre d'aiguilles que l'on doit enlever à chaque numéro de bas ou de chaussette : c'est la reproduction du chiffre donné à la douzième colonne verticale des tableaux de *proportions de fabrication.*

La cinquième colonne indique le nombre de diminutions que l'on doit faire pour chaque numéro de bas.

La sixième colonne indique le nombre de tours que l'on doit faire sur chaque diminution, et pour chaque numéro de bas par 4 aiguilles ou mailles à la fois.

La septième colonne contient le nombre de diminutions qui doivent se faire en opérant par 8 aiguilles ou mailles à la fois.

La huitième colonne indique le nombre de tours à faire sur chaque diminution par 8 aiguilles ou mailles à la fois.

La neuvième colonne contient le nombre de diminutions par 12 aiguilles ou mailles à la fois.

La dixième colonne indique le nombre de tours à faire sur chaque diminution par 12 aiguilles ou mailles à la fois.

Nous ferons remarquer que pour le mode de diminution par 12 aiguilles ou mailles à la fois, ce genre d'opération se fait en moitié moins de temps que les deux autres modes et produit une plus belle pointe.

NOTA. — Les pointes du bas diminué étant tricotées ouvertes par la *Tricoteuse universelle* de J.-P. M., le bas tricoté et diminué à la main se produit fermé; les moyens que nous donnons s'emploient à la main et à la machine dans les mêmes conditions.

ARTICLE 4

Explication du tableau Numéro 15 des diminutions et augmentations des pointes rondes dites à la française pour bas et chaussetts tricotés cylindriquement.

Pour les diminutions et augmentations des pointes rondes dites à la Française, il faut se servir du tableau nº 15, où ces genres d'opérations se trouvent également préparées d'avance pour tous les numéros de bas et de chaussettes compris dans les sept tableaux de *proportions de fabrication*.

Ce tableau est représenté par huit colonnes verticales et deux colonnes horizontales.

COLONNES VERTICALES

La première colonne renferme les sept numéros des sept cylindres et le nombre d'aiguilles de chacun.

La deuxième colonne donne le nombre total des aiguilles avec lesquelles on tricote la pointe.

La troisième colonne explique le nombre d'aiguilles que l'on doit lever de chaque côté une à une à la fois à chaque tour.

La quatrième colonne indique le nombre de tours que l'on doit faire un à un au fur et à mesure du lèvement des aiguilles une à une.

La cinquième colonne donne le nombre d'aiguille à baisser de chaque côté une à une à la fois.

La sixième colonne indique le nombre de tours à faire un à un, au fur et à mesure du baissement des aiguilles une à une.

La septième colonne donne le nombre de tours que l'on a à faire en sus pour être défait au fur et à mesure du remmaillage de la pointe.

La huitième colonne établit le nombre total de tours à faire pour la pointe ronde de tous les cylindres.

COLONNES HORIZONTALES

La première donne les inscriptions que nous venons d'expliquer.

La deuxième colonne indique le nombre d'aiguilles que l'on doit faire fonctionner pour chacun des cylindres, ainsi que le nombre de tours à faire sur chaque aiguille fonctionnante.

Pour connaître le moyen employé pour fabriquer cette pointe, voir l'article 15 de la deuxième partie.

Nota. — La pointe ronde étant très-longue à faire dans les cylindres de 160, 180, 200 et 240 aiguilles, on doit faire de préférence les autres genres de pointes. Nous la donnons, parce que ce genre de tricot sert à d'autres travaux qu'aux pointes de bas ou de chaussette; ce genre de tricot s'emploie également pour les bourses, les blagues, ainsi que les sacs de luxe, etc.

ARTICLE 5

Explication du tableau Numéro 16 des diminutions par 2 4 ou 8 aiguilles ou mailles à la fois pour les pointes dites anglaises de bas et Chaussettes tricotés cylindriquement en les finissant par deux aiguilles ou mailles avec fil au bout soit à la main ou au métier.

Pour les diminutions des pointes dites Anglaises, il faut se servir du tableau nº 16, où la manière d'opérer se trouve également établie dans les mêmes conditions qu'au tableau précédent pour les pointes à la Française.

Ce tableau est également divisé de même que le précédent en huit colonnes verticales et deux horizontales.

COLONNES VERTICALES

La première colonne donne le nombre d'aiguilles ou de mailles que l'on doit diminuer en commençant par 2, 4 ou 8 aiguilles à la fois, et finir le bas ou la chaussette par le système désigné par pointe Anglaise, en tricotant cylindriquement.

Les 2e, 3e, 4e, 5e, 6e, 7e et 8e colonnes donnent les sept numéros de cylindres de 72 à 240 aiguilles ou mailles à enlever pour finir la pointe à chaque numéro de bas ou de chaussette.

COLONNES HORIZONTALES

La première colonne représente tous les cylindres comme nous venons de le dire plus haut.

La deuxième colonne donne le nombre de diminutions à faire pour chacun des cylindres, le nombre de tours que l'on doit faire pour chacun d'eux. (Voir l'article seizième de la deuxième partie.)

Pour le nombre de tours à faire pour la jambe et le pied du bas ou de la chaussette, il faut se conformer aux sept tableaux de *proportions de fabrication* pour chaque numéro, en déduisant sur le pied le nombre de tours que ce système de diminution de pointe amène à un plus grand nombre que par celui du bas tricoté à plat; c'est pour cela que l'on doit tricoter en moins pour le pied le même nombre de tours que l'on a à faire en plus pour la pointe.

Nota. — Tous les bas et chaussettes tricotés à la main sans diminution, avec le même nombre de mailles que le nombre d'aiguilles des cylindres pour les diminutions de la pointe Anglaise, on doit suivre exactement les chiffres portés dans ce tableau et diminuer les mailles par le même nombre à la fois que pour les aiguilles indiquées.

ARTICLE 6

Récapitulation des opérations à faire pour la fabrication des Bas diminués.

1° Mesurage du pied. — Prenons pour base le tableau n° 2 du cylindre de 100 aiguilles ou mailles, le n° 2 moyen de femme qui donne 22 centimètres du présent tableau.

2º Indication du nombre de mailles ou d'aiguilles avec lesquelles on doit commencer le bas ou la chaussette, soit 100 aiguilles ou mailles.

3º Tricotage de l'ourlet. — L'ourlet est fait avec 40 tours.

4º Tricotage de la jambe à partir de l'ourlet jusqu'aux diminutions ; nous prenons la deuxième petite colonne, qui indique la matière moyenne, soit. . . . . 144 tours.

5º Tricotage des diminutions de la jambe. La diminution se fait avec 24 aiguilles ou mailles diminuées, 12 diminutions à faire par 2 aiguilles ou mailles à la fois ; cinq tours sur chaque, soit. . . . . 60 tours.

6º Tricotage de la jambe à partir des diminutions jusqu'au talon. Suivez le chiffre de la deuxième petite colonne pour la matière moyenne ; soit. . . . . 49 tours.

7º Tricotage du talon. Il se fait en deux fois ; une fois à droite, une fois à gauche ; faites fonctionner à droite 19 aiguilles et faire. . . . . 40 tours.

Pour le talon à la Religieuse, faites à gauche la même opération. (Voir l'art. douzième de la deuxième partie.)

8º Tricotage du pied à partir du talon jusqu'aux diminutions de la pointe. Employez toujours le chiffre de la deuxième petite colonne pour la matière moyenne; soit. 72 tours.

9º Tricotage des diminutions de la pointe, et enlèvement des aiguilles. Faites la diminution par 12 aiguilles ou mailles à la fois, ce qui donne 7 diminutions. (Voir le tableau nº 9 des pointes, soit). . . . . . 27 tours.

Comme l'indique le tableau. Ensemble. . . . . . . 432 tours.

10º Remmaillage pour fermer le bas se fait à la main.

Tous les autres numéros du bas de tous les tableaux se font de la même manière ; il n'y a que le chiffre qui change de nombre de tours à faire pour chaque bas qui varie.

Nota. — Pour tricoter le bas à la main, suivez exactement les mêmes chiffres donnés dans les sept tableaux de *proportions de fabrication*, en employant les mêmes grosseurs des matières qui s'y trouvent indiquée, vous obtiendrez le bas conforme en tous points à celui fabriqué par la *Tricoteuse universelle* J.-P. M.

ARTICLE 7

Fabrication de la Chaussette à plat et cylindriquement à la main ou au métier.

La chaussette se fait à plat sur les sept tableaux de *proportions de fabrication* portant les nos 1, 2, 3, 4, 5, 6 et 7, et de la même manière que le bas, à la seule exception que la chaussette étant plus courte, elle se commence par les tours à faire à la septième colonne du tableau, c'est-à-dire au total du nombre de tours à faire sur les diminutions de chaque numéro de bas. En prenant pour base le même numéro que pour le bas ci-devant décrit, soit le tableau no 2 du cylindre de 100 aiguilles ou mailles. (Voir le no 2 moyen de femme.)

Il faut commencer la chaussette par le nombre de tours indiqué à la septième colonne, soit. . . . . 60 tours.

A la huitième colonne. . . . . 49 tours.

Ce chiffre donne la hauteur de la jambe de la chaussette . . . . 109 tours.

1o Faites pour l'ourlet, 40 tours.
2o pour la côte, 34 tours.
3o pour l'uni, 35 tours.

Ensemble et égale, 109 tours.

4o Tricotage du talon à la Religieuse se fait en deux fois : une fois à droite, et une fois à gauche pour la machine ; faites fonctionner 19 aiguilles de chaque côté qui donne pour le talon carré

40 tours. Réduisez de 35 %; reste 26 tours pour celui à la Religieuse.

A la main le talon se tricote d'un seul coup; tricotez-le avec 38 mailles, faites 38 tours pour un talon carré et 24 tours pour celui dit à la Religieuse.

5° Tricotage du pied à partir du talon jusqu'aux diminutions de la pointe; employez toujours le chiffre de la deuxième petite colonne pour la moyenne, soit 72 tours.

6° Tricotage des diminutions de la pointe; faites la diminution par 12 aiguilles, ce qui donne sept diminutions suivant le tableau n° 9 des pointes, soit 27 tours.

RÉSUMÉ DES OPÉRATIONS POUR LE TRICOTAGE DE LA CHAUSSETTE AVEC UN TALON CARRÉ, FAIT A LA MACHINE OU A LA MAIN

1re Opération.	Nombre de tours à faire pour	l'ourlet (à côtes ou unis)	40 tours.
2e	—	— la côte à partir de l'ourlet.	34
3e	—	— l'uni de la côte au talon.	35
4e	—	— le talon à la main 38, à la machine	40
5e	—	— du talon à la diminution de la pointe.	72
6e	—	— sur chaque diminution de la pointe. . .	27

La chaussette est terminée par un nombre total de. . . . . 248 tours qu'elle soit faite ou à la main à la *Tricoteuse universelle* de J.-P. M.

La différence qui existe du bas avec la chaussette consiste pour le nombre de tours qui sont indiqués à la quatrième colonne, 40 tours, et la cinquième colonne, 144 tours, ensemble. 184 tours.

Qui joint au total de la chaussette qui est. . . . . . . 248 tours,

Donne le chiffre égale porté au tableau. . . . . 432 tours.

Ainsi l'on fabrique tous les numéros de la chaussette sur tous les numéros de bas des sept tableaux de proportions, en suivant exactement le commencement de la chaussette sur le nombre de tours de la septième colonne.

La chaussette se fabrique de même cylindriquement sur tous les cylindres (Voir les articles 4, 6, 8, 9, 11, 13, 15 et 16 de la deuxième partie.)

Nota. — Pour tricoter la chaussette à la main, suivez exactement les mêmes chiffres donnés dans les sept tableaux de proportions de fabrication, en employant les mêmes grosseurs des matières qui s'y trouvent indiquées; vous obtiendrez la chaussette conforme en tous points à celle fabriquée par la *Tricoteuse universelle* J.-P. M.

ARTICLE 8

Bas et Chaussettes tricotés à la main par l'emploi des sept tableaux de proportions de fabrication et des huit tableaux de pointes.

Nous avons déjà expliqué que le Manuel que nous avons décrit avait un double but, celui de fabriquer tous les genres de tricots par la *Tricoteuse universelle* J.-P. M.; ce travail a été établi de façon à fabriquer à la main ces mêmes articles qui sont dénommés dans le présent ouvrage.

Pour l'emploi des tableaux, quand on tricote à la main, il faut suivre exactement les mêmes chiffres qu'à la machine. La maille doit suivre les finesses indiquées dans chaque tableau avec lequel on fabrique; pour la progression de la maille on doit employer la même grosseur d'aiguilles à la main que celle employée à la *Tricoteuse universelle* J.-P. M.

EXPLICATION POUR LES GROSSEURS D'AIGUILLES, A EMPLOYER A LA MAIN ET CORRESPONDANT AVEC LES TABLEAUX DE PROPORTIONS Nos 1, 2, 3, 4, 5, 6 ET 7,

1° Pour les tableaux nos 1 et 2, l'aiguille de bas à employer comme grosseur doit avoir [1 millimètre 3 à 4 dixième de millimètre.

2° Pour	—	2, 3 et 4	de 9 à 10	
3° Pour	—	5, 6 et 7	de 7 à 8	—

EXEMPLE :

Pour fabriquer un bas à la main en suivant le tableau nº 3 de 130 mailles, prenons pour base le nº 1 (extra pour dames), indiquant 24 centimètres de longueur du pied; employez de la matière moyenne en suivant les colonnes qui sont indiquées au tableau.

Première opération. — La deuxième colonne contient la mesure du pied au centimètre et que l'on doit suivre.

Deuxième opération. — La troisième colonne indique le nombre de mailles avec lesquelles on commence le bas.

Troisième opération. — La quatrième colonne donne le nombre de tours que l'on doit tricoter pour faire un ourlet ; si l'on ne veut pas d'ourlet, on ne fait que la moitié de tours portés. Supposons l'ourlet fait, soit 40 tours, sans ourlet 20 tours.

Quatrième opération. — La cinquième colonne à suivre est celle du centre, matière moyenne qui donne le nombre de tours que l'on doit tricoter l'ourlet au commencement des diminutions du mollet, soit 192 tours.

Si l'on désire à côtes, faites-le avec la moitié du nombre de tours indiqué.

Cinquième opération. — La sixième colonne donne le nombre de mailles que l'on doit diminuer du mollet à la jambe et le nombre de tours que l'on doit tricoter sur chaque diminution; pour ce numéro de bas faites 8 tours sur chaque, en diminuant 4 mailles à la fois, deux de chaque côté du point de couture qui sert pour la main à limiter les diminutions et les opérations (voir l'article cinquième, diminution de la jambe, deuxième partie), qui donne l'explication sur quelle maille on doit jeter celle diminuée.

Sixième opération. — La septième colonne indique tout simplement le nombre total de tours que l'on vient de faire sur les diminutions du mollet à la jambe, soit 64 tours.

Septième opération. — La huitième colonne à suivre est celle du centre, matière moyenne, qui indique le nombre de tours que l'on doit tricoter des diminutions au commencement du talon, soit 64 tours.

Huitième opération. — Les neuvième et dixième colonnes donnent pour la *Tricoteuse universelle* de J.-P. M. le nombre d'aiguilles que l'on doit faire fonctionner en deux fois, parce que le bas se fait ouvert au moment ou l'on commence les diminutions du mollet ; le tableau donne 25 aiguilles de chaque côté pour le tricotage du talon à la machine.

A la main le bas étant fermé, le talon se tricote d'un seul coup. Tricotez la patte du talon avec 50 mailles si vous le faites carré, soit 50 tours ; si vous faites un talon à la Religieuse, faites la patte avec 35 tours pour cent en moins pour un pied moyen, et 30 tours pour cent en moins pour un coude-pied haut. (Voir l'article deuxième de la troisième partie.)

A toutes les grandeurs de bas on doit suivre les mêmes indications que nous avons expliquées plus haut, et cela pour tous les genres de talons. (Voir les articles de 6 à 12 de la deuxième partie.)

Neuvième opération. A la onzième colonne suivez toujours celle du centre pour la matière moyenne qui donne le nombre de tours que l'on doit faire du talon aux diminutions de la pointe ; tricotez du talon à la pointe 91 tours.

La douzième colonne indique le nombre d'aiguilles ou de mailles, ce qui est identiquement la même chose. A la machine, les aiguilles contiennent chaque maille, à la main, les quatre broches dont on se sert pour tricoter, contiennent les 100 mailles indiquées dans le numéro du bas que nous suivons ; chacune de ces quatre broches contiennent 25 mailles qui divise le bas en quatre parties comme cela se pratique ordinairement pour les opérations de tricotage à la main. Pour délimiter les diminutions comme l'indique la colonne, il est bien plus facile de les faire à la main, attendu que le bas est divisé d'avance en quatre parties par les quatre broches qui servent à tricoter. Suivez pour les diminutions que vous devez faire, soit par 4, 8 ou 12 mailles à la fois, et le nombre de tours que l'on doit faire sur chacune d'elle. Les tableaux de pointes nos 8, 9, 10, 11, 12, 13, 14 et 16, articles 3 et 5 de la troisième partie, pour l'explication des pointes et pour de plus amples renseignements, voir également les articles 16, 17 et 18 de la deuxième partie.

Dixième opération. — La treizième colonne donne le nombre de tours que l'on doit faire, si l'on diminue par 4, 8 ou 12 mailles à la fois.

Faisons la diminution par 8 mailles, qui nous donne 38 tours; pour le détail des nombres de tours à faire sur chaque diminution, articles 3 et 5 de la troisième partie (tableau n° 10 des pointes).

La quatorzième colonne indique le total de tours faits dans chaque numéro de bas tricoté à la main ou à la *Tricoteuse universelle* de J.-P. M.

RÉCAPITULATION DES OPÉRATIONS FAITES POUR LES BAS TRICOTÉS A LA MAIN

1re	Opération. —	Mesure du pied.		
2e	—	Nombre de mailles pour le numéro de bas que l'on veut tricoter.		
3e	—	—	tours à tricoter pour l'ourlet.	40 tours.
4e	—	—	tours de l'ourlet aux diminutions.	192
5e	—	—	mailles à diminuer et de tours à faire sur chaque	
6e	—	—	tours total des diminutions.	64
7e	—	—	tours des diminutions au talon.	64
8e	—	—	tour pour tricoter le talon	50
9e	—	—	tours du talon aux diminutions de la pointe. . .	91
10e	—	—	tours des diminutions de la pointe.	38

A la dixième opération, le bas est complètement terminé par un total de . . 589 tours.

Comme nous l'avons déjà dit, si l'opérateur suit les principes que nous indiquons pour la fabrication du bas à la main, il aura toutes les proportions désirées pour le pied et la jambe qu'il doit chausser, et il sera aussi bien fait que s'il avait été fabriqué par la *Tricoteuse universelle* de J.-P. M., en observant que la matière soit en rapport et que la maille soit tricotée régulièrement.

NOTA. — Pour tricoter la chaussette, opérer comme il est dit ci-dessus en la commençant à la septième colonne comme il a été expliqué à l'article septième de la troisième partie.

ARTICLE 9

Bas et Chaussettes d'enfants tricotés à la main

Pour tricoter à la main un bas d'enfant d'un an, en suivant le tableau nº 2 des proportions de fabrication qui représente 100 aiguilles ou mailles pour les plus grands pieds d'hommes en 52 pour les plus petits d'enfants nº 3, soit dix centimètres de longueur du pied, nous le tricotons avec de la matière moyenne en suivant les colonnes du centre marquées : *moyen*. On doit opérer pour la fabrication dans les mêmes conditions qu'à l'article précédent.

EXEMPLE :

1re Opération. — Mesurer le pied.
2e » Nombre de mailles pour le bas, 52 pour la largeur.
3e » » tours à tricoter pour l'ourlet, à côte ou non. . . . 18 tours
4e » » tours que l'on doit faire de l'ourlet aux diminutions. 60
5e » » mailles que l'on doit diminuer et le nombre de tours sur chacune.
6e » » des tours total des diminutions. 24
7e » » tours des diminutions au talon. 21
8e » » tours que l'on doit faire pour tricoter le talon carré 20
9e » » tours à faire du talon aux diminutions de la pointe 30
10e » » de tours sur chaque diminution de la pointe.. . . 13

Le bas est totalement fini à la dixième opération par un total de. . . . . . 186 tours.

NOTA. — Pour tricoter la chaussette, opérer comme il est dit ci-dessus en commençant à la septième colonne comme il a été expliqué à l'article septième de la troisième partie.

ARTICLE 10

Moyens à employer pour fabriquer 756 paires de bas ou de chaussettes de grandeurs différentes et de 252 genres de mailles, produit par la machine universelle de J.-P. M. en suivant les tableaux de proportions.

Nous avons dit dans notre avertissement que nous expliquerions le moyen à employer pour que chaque numéro de bas en reproduise 9; il se décompose comme suit :

Les colonnes cinq, huit et onze des sept tableaux de proportions de fabrication possèdent chacune trois petites colonnes portant en tête : gros, moyen, fin; les chiffres indiqués dans chacune d'elle varie de 6 à 10 tours les unes des autres. On fabrique les neuf grandeurs différentes avec trois grosseurs de matières qui donnent trois grosseurs de mailles; faites trois paires avec la matière grosse, trois avec la moyenne, et trois avec la fine; une paire sur chaque colonne, gros, moyen fin; cela vous donne neuf paires de différentes grandeurs sur un seul numéro des 12 colonnes que possède chaque tableau de proportions de fabrication, c'est-à-dire que chaque colonne horizontale produit neuf grandeurs.

RÉSUMÉ DES OPÉRATIONS

1re	Opération.	Matière	grosse,	1 paire	tricotée à la colonne en	gros.
2e	»	»	»	1	»	moyen.
3e	»	»	»	1	»	fin.
4e	»	»	moyenne,	1	»	gros.
5e	»	»	»	1	»	moyen.
6e	»	»	»	1	»	fin.
7e	»	»	fine,	1	»	gros.
8e	»	»	»	1	»	moyen.
9e	»	»	»	1	»	fin.

Ensemble . . . . 9 paires sur chacun des douze numéros de bas de chaque tableau.

En opérant de cette façon sur chacun des tableaux, vous produisez 756 paires de bas de différentes grandeurs, et 756 paires de chaussettes également différentes avec 252 grosseurs de mailles. Ces chiffres établis d'avance ne varient pour les bas d'hommes et de femmes que de 18 à 20 tours, et pour les bas d'enfants que de 6 à 8 tours dans la longueur total du bas les uns des autres.

N° 0

TABLEAU INDIQUANT LES MATIÈRES A EMPLOYER

Avec chaque cylindre et les 7 tableaux de proportions pour bas et chaussettes produits par la Tricoteuse universelle de J.-P. M. ou à la main.

1	2			3			4		
INDICATION DES MATIÈRES et des numéros métriques à employer avec chaque cylindre afférant à chaque tableau de proportions pour la fabrication du bas et de la chaussette	TABLEAU N° 1 CYLINDRE, 72 AIGUILLES NOMBRE DE BOUTS PAR NUMÉRO A EMPLOYER			TABLEAU N° 2 CYLINDRE, 100 AIGUILLES NOMBRE DE BOUTS PAR NUMÉRO A EMPLOYER			TABLEAU N° 3 CYLINDRE, 120 AIGUILLES NOMBRE DE BOUTS PAR NUMÉRO A EMPLOYER		
	gros	moyen	fin	gros	moyen	fin	gros	moyen	fin
	bouts	bouts	bouts	bouts	bouts	bouts	bouts	bouts	bouts
Coton gros n° 40	»	»	14	14	12	10	14	12	10
» moyen n° 60	»	»	»	»	16	14	16	14	12
» fin n° 80	»	»	»	»	»	»	»	16	14
Laine grosse n°s 15, 20	6	5	4	5	4	3	4	3	2
» moyenne n°s 25, 30	14	12	10	12	10	8	10	8	6
» fine n°s 35, 50	16	14	12	14	12	10	12	10	8
Fil, coton anglais, n°s 14, 60	»	»	»	»	0	14	»	0	20
Fleuret fantaisie soie n°s 20, 70	»	»	»	»	0	20	»	0	30
Cordonnet soie, fantaisie, n°s 12, 90	»	»	»	»	0	12	»	0	25

1	5			6			7			8		
INDICATION DES MATIÈRES	TABLEAU N° 4 CYLINDRE, 160 AIGUILLES NOMBRE DE BOUTS PAR NUMÉRO A EMPLOYER			TABLEAU N° 5 CYLINDRE, 180 AIGUILLES NOMBRE DE BOUTS PAR NUMÉRO A EMPLOYER			TABLEAU N° 6 CYLINDRE, 200 AIGUILLES NOMBRE DE BOUTS PAR NUMÉRO A EMPLOYER			TABLEAU N° 7 CYLINDRE, 250 AIGUILLES NOMBRE DE BOUTS PAR NUMÉRO A EMPLOYER		
	gros	moyen	fin	gros	moyen	fin	gros	moyen	fin	gros	moyen	fin
	bouts	bouts	bouts	bouts	bouts	bouts	bouts	bouts	bouts	bouts	bouts	bouts
Coton gros n° 40	8	6	5	6	5	»	5	4	»	3	2	»
» moyen n° 60	10	8	6	7	6	5	6	5	4	4	3	2
» fin n° 80	14	12	10	12	10	8	10	8	6	6	5	3
Laine grosse n°s 15, 20	3	2	1	3	2	1	»	»	»	»	»	»
» moyenne n°s 25, 30	6	5	4	6	5	4	3	4	3	3	2	1
» fine n°s 35, 50	8	6	5	6	5	4	6	5	4	3	2	1
Fil, coton anglais, n°s 14, 60	»	0	30	»	0	40	»	0	50	»	0	60
Fleuret fantaisie soie n°s 20, 70	»	0	40	»	0	50	»	0	60	»	0	70
Cordonnet soie, fantaisie, n°s 12, 90	»	0	40	»	0	55	»	0	70	»	0	90

N° 0

NOTA. — Les numéros indiqués ci-dessus sont les numéros métriques de filature et l'acheteur devra toujours expliquer ces numéros avec l'un des nombres de bouts désignés dans chaque colonne. Pour le tricotage à la main on doit employer les mêmes matières qui sont indiquées dans chaque colonne, et suivre les proportions contenues dans les 7 tableaux pour la fabrication des bas et chaussettes. Ils portent les numéros 1, 2, 3, 4, 5, 6, 7 (Voir 3e partie art. 1).

N° 1

CYLINDRES DE 72 AIGUILLES OU MAILLES

TABLEAU SYNOPTIQUE DES PROPORTIONS A OBSERVER

Pour la fabrication des Bas et Chaussettes de toutes grandeurs, par la Tricoteuse universelle de J.-P. M. ou à la main

1 NUMÉROS et GRANDEURS des BAS & CHAUSSETTES		2 Longueur du pied à faire par centimètres	3 NOMBRE de mailles ou d'aiguilles employées pour chaque dimension de bas	4 NOMBRE de tours à faire pour chaque ourlet ou revers pour bas	5 NOMBRE de tours à faire de l'ourlet aux diminutions du bas du mollet et de la jambe suivant la matière employée			6 DIMINUTIONS du bas du mollet à la jambe — NOMBRE des aiguilles à enlever par 2 à la fois dont 1 à droite et 1 à gauche	7 TOTAL DES NOMBRES de tours à faire sur les diminutions de la jambe (1)	8 NOMBRE de tours à faire des diminutions de la jambe au talon suivant la matière employée			9 NOMBRE d'aiguilles à faire fonctionner pour faire le talon — Rond ou carré le talon se fait toujours avec la 1/2 des aiguilles employées	10 NOMBRE de tours à faire pour tricoter le talon carré (2)	11 NOMBRE de tours à faire du talon aux diminutions de la pointe suivant la matière employée			12 DIMINUTIONS de la pointe — DIVISEZ le nombre d'aiguilles en 4 parties moins 8, 12 ou 16 aig. destinées à limiter les diminutions — NOMBRE d'aiguilles à enlever par 4, 8, 12 à la fois (3)	13 NOMBRE de tours à faire sur chaque diminution de la pointe — Pour le détail voir le n° 8 enlever à la fois			14 NOMBRE total des tours à faire pour tricoter en entier chaque numéro de bas
		centim.			Grosse	Moy.	Fine			Grosse	Moy.	Fine			Grosse	Moy.	Fine		Par 4 aig.	Par 8 à 2	Par 12 à 2	
Hommes.	1 Extra..	30	72	35	140	150	160	9 tours 10 aiguilles	45	41	51	61	De chaque côté 15 aiguilles	De chaque côté 32 tours	71	81	91	62 aiguilles	26	25	24	419
	2 Moyen.	28	72	34	136	146	156	7 tours 12 aiguilles	42	38	48	58	De chaque côté 15 aiguilles	De chaque côté 32 tours	66	76	86	60 aiguilles	24	23	22	401
	3 Petit. .	26	72	34	131	141	151	6 tours 14 aiguilles	42	35	45	55	De chaque côté 14 aiguilles	De chaque côté 30 tours	61	71	81	58 aiguilles	24	22	21	385
Femmes et Cadets.	1 Extra..	24	72	30	123	133	143	5 tours 16 aiguilles	40	32	42	52	De chaque côté 14 aiguilles	De chaque côté 30 tours	56	66	76	56 aiguilles	22	20	20	361
	2 Moyen.	22	72	30	112	122	132	5 tours 16 aiguilles	40	29	39	49	De chaque côté 14 aiguilles	De chaque côté 30 tours	51	61	71	56 aiguilles	22	20	20	342
	3 Petit. .	20	72	28	101	111	121	5 tours 16 aiguilles	40	26	36	46	De chaque côté 14 aiguilles	De chaque côté 30 tours	46	56	66	56 aiguilles	22	20	20	321
Fillettes et Cadets de 7 à 14 ans..	1 Extra..	18	66	26	90	100	110	5 tours 14 aiguilles	35	23	33	43	De chaque côté 13 aiguilles	De chaque côté 28 tours	41	51	61	52 aiguilles	20	20	19	293
	2 Moyen.	17	60	24	79	89	99	5 tours 12 aiguilles	30	20	30	40	De chaque côté 12 aiguilles	De chaque côté 26 tours	36	46	56	48 aiguilles	18	18	18	263
	3 Petit. .	16	54	22	69	78	87	5 tours 10 aiguilles	25	18	27	36	De chaque côté 11 aiguilles	De chaque côté 24 tours	32	41	50	44 aiguilles	16	16	16	233
Enfants de 1 à 6 ans.	1 Extra..	14	48	20	59	67	75	5 tours 10 aiguilles	25	16	24	32	De chaque côté 10 aiguilles	De chaque côté 22 tours	28	36	44	38 aiguilles	14	13	13	207
	2 Moyen.	12	42	18	49	56	63	5 tours 8 aiguilles	20	14	21	28	De chaque côté 9 aiguilles	De chaque côté 20 tours	24	31	38	34 aiguilles	13	12	12	178
	3 Petit. .	10	36	16	39	45	51	4 tours 8 aiguilles	16	12	18	24	De chaque côté 7 aiguilles	De chaque côté 16 tours	20	26	32	28 aiguilles	11	10	10	147

N° 8 Le *Tableau des pointes* s'emploie avec celui-ci (3e partie art. 2).

(1) On commence la chaussette à la 7e colonne (voir 3e partie art. 4/5).

(2) Pour les talons à la religieuse on doit tricoter des tours en moins de 30 à 35 pour cent pour hommes et femmes, de 35 à 40 pour cent pour fillettes et cadets, de 40 à 45 pour cent, pour enfants de 1 à 6 ans (3e partie art. 2, 10e colonne).

(3) A la main, c'est la maille qui s'en va.

N° 2

CYLINDRES DE 100 AIGUILLES OU MAILLES

TABLEAU SYNOPTIQUE DES PROPORTIONS A OBSERVER

Pour la fabrication des Bas et Chaussettes de toutes grandeurs, par la Tricoteuse universelle de J.-P. M. ou à la main

1 NUMÉROS et GRANDEURS des BAS & CHAUSSETTES		2 Longueur du pied à faire par centimètres	3 NOMBRE de mailles ou d'aiguilles employées pour chaque grandeur de bas	4 NOMBRE de tours à faire pour chaque ourlet ou revers pour les	5 NOMBRE de tours à faire de l'ourlet aux diminutions du bas du mollet et de la jambe suivant la matière employée			6 DIMINUTIONS du bas du mollet à la jambe — NOMBRE des aiguilles à enlever par 2 à la fois dont 1 à droite et 1 à gauche	7 TOTAL DES NOMBRES de tours à faire sur les diminutions de la jambe (1)	8 NOMBRE de tours à faire des diminutions de la jambe au talon suivant la matière employée			9 NOMBRE d'aiguilles à faire fonctionner pour faire le talon — Rond ou carré le talon se fait toujours avec la 1/2 des aiguilles employées	10 NOMBRE de tours à faire pour tricoter le talon carré (2)	11 NOMBRE de tours à faire du talon aux diminutions de la pointe suivant la matière employée			12 DIMINUTIONS de la pointe: Divisez le nombre d'aiguilles en 4 parties moins 8, 12 ou 16 … — NOMBRE d'aiguilles à enlever par 4, 8, 12 à la fois (3)	13 NOMBRE de tours à faire sur chaque diminution de la pointe. Pour le détail voir le N° 9, enlever à la fois			14 NOMBRE total des tours à faire …
		centim.			Grosse	Moy.	Fine			Grosse	Moy.	Fine			Grosse	Moy.	Fine		Par 4 aig.	Par 8 aig.	Par 12 aig.	
Hommes.	1 Extra.	30	100	42	164	174	184	8 tours 18 aiguilles	72	55	65	75	De chaque côté 20 aiguilles	De chaque côté 42 tours	86	96	106	82 aiguilles	36	33	32	524
	2 Moyen.	28	100	42	161	171	181	7 tours 20 aiguilles	70	51	61	71	De chaque côté 20 aiguilles	De chaque côté 42 tours	80	90	100	80 aiguilles	34	30	29	506
	3 Petit.	26	100	40	155	165	175	6 tours 22 aiguilles	66	47	57	67	De chaque côté 20 aiguilles	De chaque côté 42 tours	74	84	94	78 aiguilles	34	28	28	482
Femmes et Cadets.	1 Extra.	24	100	40	146	156	166	5 tours 24 aiguilles	60	43	53	63	De chaque côté 19 aiguilles	De chaque côté 40 tours	68	78	88	76 aiguilles	33	27	27	454
	2 Moyen.	22	100	40	134	144	154	5 tours 24 aiguilles	60	39	49	59	De chaque côté 19 aiguilles	De chaque côté 40 tours	62	72	82	76 aiguilles	33	27	27	432
	3 Petit.	20	100	38	122	132	142	5 tours 24 aiguilles	60	35	45	55	De chaque côté 19 aiguilles	De chaque côté 40 tours	56	66	76	76 aiguilles	32	27	27	408
Fillettes et Cadets de 7 à 14 ans.	1 Extra.	18	92	36	110	120	130	5 tours 22 aiguilles	55	31	41	51	De chaque côté 18 aiguilles	De chaque côté 38 tours	50	60	70	70 aiguilles	30	25	25	375
	2 Moyen.	17	84	32	98	108	118	5 tours 20 aiguilles	50	27	37	47	De chaque côté 16 aiguilles	De chaque côté 34 tours	44	54	64	64 aiguilles	27	23	25	338
	3 Petit.	16	76	30	87	96	110	5 tours 18 aiguilles	45	24	33	42	De chaque côté 15 aiguilles	De chaque côté 32 tours	39	48	57	58 aiguilles	25	21	20	305
Enfants de 1 à 6 ans.	1 Extra.	14	68	26	76	84	92	5 tours 16 aiguilles	40	21	29	37	De chaque côté 13 aiguilles	De chaque côté 28 tours	34	42	50	52 aiguilles	22	18	18	267
	2 Moyen.	12	60	22	65	72	79	4 tours 14 aiguilles	28	18	25	32	De chaque côté 12 aiguilles	De chaque côté 26 tours	29	36	43	46 aiguilles	20	16	15	225
	3 Petit.	10	52	18	54	60	66	4 tours 12 aiguilles	24	15	21	27	De chaque côté 10 aiguilles	De chaque côté 22 tours	24	30	36	40 aiguilles	16	13	12	188

N° 9 *Le Tableau des pointes* s'emploie avec celui-ci (3e partie art. 2).

(1) On commence la chaussette à la 7e colonne (voir 3e partie art. 7).

(2) Pour les talons à la religieuse on doit tricoter des tours en moins de 30 à 35 pour cent pour hommes et femmes, de 35 à 40 pour cent pour fillettes et cadets, de 40 à 45 pour cent, pour enfants de 1 à 6 ans (3e partie art. 2, 10e colonne).

(3) A la main, c'est la maille qui s'en va.

N° 3

CYLINDRES DE 130 AIGUILLES OU MAILLES

TABLEAU SYNOPTIQUE DES PROPORTIONS A OBSERVER

Pour la fabrication des Bas et Chaussettes de toutes grandeurs, par la Tricoteuse universelle de J.-P. M. ou à la main

1 NUMÉROS et GRANDEURS des BAS & CHAUSSETTES		2 Longueur du pied à faire par centimètres	3 NOMBRE de mailles ou d'aiguilles employées pour chaque dimension de bas	4 NOMBRE de tours à faire pour chaque ourlet ou revers pour bas	5 NOMBRE de tours à faire de l'ourlet aux diminutions du bas du mollet et de la jambe suivant la matière employée			6 DIMINUTIONS du bas du mollet à la jambe — NOMBRE des aiguilles à enlever par 4 à la fois dont 2 à droite et 2 à gauche	7 TOTAL DES NOMBRES de tours à faire sur les diminutions de la jambe (1)
		centim.			Grosse	Moy.	Fine		
Hommes.	1 Extra..	30	130	45	210	220	230	14 tours 22 aiguilles	84
	2 Moyen.	28	130	45	203	213	223	11 tours 26 aiguilles	77
	3 Petit.	26	130	45	194	204	214	9 tours 30 aiguilles	72
Femmes et Cadets.	1 Extra..	24	130	40	182	192	202	8 tours 30 aiguilles	64
	2 Moyen.	22	130	40	167	177	187	8 tours 30 aiguilles	64
	3 Petit.	20	130	40	152	162	172	8 tours 30 aiguilles	64
Fillettes et Cadets de 7 à 14 ans.	1 Extra..	18	120	36	137	147	157	8 tours 26 aiguilles	56
	2 Moyen.	17	110	34	122	132	142	8 tours 24 aiguilles	48
	3 Petit.	16	100	30	107	117	127	7 tours 22 aiguilles	42
Enfants de 1 à 6 ans.	1 Extra..	14	90	26	93	102	111	7 tours 18 aiguilles	33
	2 Moyen.	12	80	24	79	87	95	7 tours 16 aiguilles	28
	3 Petit.	10	70	22	65	72	79	6 tours 14 aiguilles	24

1 NUMÉROS et GRANDEURS des BAS & CHAUSSETTES		8 NOMBRE de tours à faire des diminutions de la jambe au talon suivant la matière employée			9 NOMBRE d'aiguilles à faire fonctionner pour faire le talon — Rond ou carré le talon se fait toujours avec la 1/2 des aiguilles employées	10 NOMBRE de tours à faire pour tricoter le talon carré (2)	11 NOMBRE de tours à faire du talon aux diminutions de la pointe suivant la matière employée			12 DIMINUTIONS de la pointe — DIVISEZ le nombre d'aiguilles en 4 parties moins 8, 12 ou 16 aig. destinées à limiter les diminutions — NOMBRE d'aiguilles à enlever par 4, 8, 12 à la fois (3)	13 NOMBRE de tours à faire sur chaque diminution de la pointe — Pour le détail voir le n° 14 enlever à la fois			14 NOMBRE total des tours à faire pour tricoter en entier chaque numéro de bas
		Grosse	Moy.	Fine			Grosse	Moy.	Fine		Par 4 aig.	Par 8 aig.	Par 12 aig.	
Hommes.	1 Extra..	69	79	89	De chaque côté 27 aiguilles	De chaque côté 56 tours	102	112	122	108 aiguilles	45	42	39	638
	2 Moyen.	64	74	84	De chaque côté 26 aiguilles	De chaque côté 54 tours	95	105	115	104 aiguilles	43	39	38	607
	3 Petit.	59	69	79	De chaque côté 25 aiguilles	De chaque côté 52 tours	88	98	108	100 aiguilles	43	38	36	578
Femmes et Cadets.	1 Extra..	54	64	74	De chaque côté 25 aiguilles	De chaque côté 52 tours	81	91	101	100 aiguilles	43	38	36	541
	2 Moyen.	49	59	69	De chaque côté 25 aiguilles	De chaque côté 52 tours	74	84	94	100 aiguilles	43	38	36	514
	3 Petit.	44	54	64	De chaque côté 25 aiguilles	De chaque côté 52 tours	67	77	87	100 aiguilles	43	38	36	487
Fillettes et Cadets de 7 à 14 ans.	1 Extra..	39	49	59	De chaque côté 24 aiguilles	De chaque côté 50 tours	60	70	80	94 aiguilles	40	33	32	441
	2 Moyen.	34	44	54	De chaque côté 22 aiguilles	De chaque côté 46 tours	53	63	73	86 aiguilles	37	29	28	396
	3 Petit.	29	39	49	De chaque côté 20 aiguilles	De chaque côté 42 tours	46	56	66	78 aiguilles	34	27	27	353
Enfants de 1 à 6 ans.	1 Extra..	25	34	43	De chaque côté 18 aiguilles	De chaque côté 38 tours	40	49	58	72 aiguilles	30	25	25	307
	2 Moyen.	21	29	37	De chaque côté 16 aiguilles	De chaque côté 34 tours	34	42	50	64 aiguilles	26	22	22	266
	3 Petit.	17	24	31	De chaque côté 14 aiguilles	De chaque côté 30 tours	28	35	42	56 aiguilles	21	20	20	227

N° 10 *Le Tableau des pointes* s'emploie avec celui-ci (3e partie art. 2).

(1) On commence la chaussette à la 7e colonne (voir 3e partie art. 7).

(2) Pour les talons à la religieuse on doit tricoter des tours en moins de 30 à 35 pour cent pour hommes et femmes, de 35 à 40 pour cent pour fillettes et cadets, de 40 à 45 pour cent, pour enfants de 1 à 6 ans (3e partie, art. 2, 10e colonne).

(3) A la main, c'est la maille qui s'en va.

N° 4

CYLINDRES DE 160 AIGUILLES OU MAILLES

TABLEAU SYNOPTIQUE DES PROPORTIONS A OBSERVER

Pour la fabrication des Bas et Chaussettes de toutes grandeurs, par la Tricoteuse universelle de J.-P. M. ou à la main

1 NUMÉROS et GRANDEURS des BAS & CHAUSSETTES		2 Longueur du pied à faire par centimètres	3 NOMBRE de mailles ou d'aiguilles employées pour chaque dimension de bas	4 NOMBRE de tours à faire pour chaque ourlet ou revers pour bas	5 NOMBRE de tours à faire de l'ourlet aux diminutions du bas du mollet et de la jambe suivant la matière employée			6 DIMINUTIONS du bas du mollet à la jambe — NOMBRE des aiguilles à enlever par 4 à la fois dont 2 à droite et 2 à gauche	7 TOTAL DES NOMBRES de tours à faire sur les diminutions de la jambe. (1)
		centim.			Grosse	Moy.	Fine		
Hommes.	1 Extra..	30	160	50	240	250	260	10 tours 34 aiguilles	90
	2 Moyen.	28	160	45	234	244	254	9 tours 38 aiguilles	90
	3 Petit.	26	160	45	228	238	248	7 tours 42 aiguilles	77
Femmes et Cadets.	1 Extra..	24	160	45	216	226	236	7 tours 42 aiguilles	77
	2 Moyen.	22	160	45	198	208	218	7 tours 42 aiguilles	77
	3 Petit.	20	160	45	180	190	200	7 tours 42 aiguilles	77
Fillettes et Cadets de 7 à 14 ans..	1 Extra..	18	148	40	162	172	182	7 tours 38 aiguilles	70
	2 Moyen.	17	136	36	144	154	164	8 tours 34 aiguilles	64
	3 Petit.	16	124	34	126	136	146	8 tours 28 aiguilles	56
Enfants de 1 à 6 ans.	1 Extra..	14	112	30	109	118	127	7 tours 24 aiguilles	42
	2 Moyen.	12	100	27	92	100	108	7 tours 20 aiguilles	35
	3 Petit.	10	88	24	73	82	89	6 tours 18 aiguilles	24

1 NUMÉROS et GRANDEURS		8 NOMBRE de tours à faire des diminutions de la jambe au talon suivant la matière employée			9 NOMBRE d'aiguilles à faire fonctionner pour faire le talon — Rond ou carré le talon se fait toujours avec la 1/2 des aiguilles employées	10 NOMBRE de tours à faire pour tricoter le talon carré (2)	11 NOMBRE de tours à faire du talon aux diminutions de la pointe suivant la matière employée			12 DIMINUTIONS de la pointe — DIVISEZ le nombre d'aiguilles en 4 parties moins 8, 12 ou 16 aig. destinées à limiter les diminutions — NOMBRE d'aiguilles à enlever par 4, 8, 12 à la fois (3)	13 NOMBRE de tours à faire sur chaque diminution de la pointe — Pour le détail voir le n° 11 enlever à la fois			14 NOMBRE total des tours à faire pour tricoter en entier chaque numéro de bas
		Grosse	Moy.	Fine			Grosse	Moy.	Fine		Par 4 aig.	Par 8 aig	Par 12 aig	
Hommes.	1 Extra..	83	93	103	De chaque côté 32 aiguilles	De chaque côté 66 tours	118	128	138	126 aiguilles	51	50	46	727
	2 Moyen.	77	87	97	De chaque côté 31 aiguilles	De chaque côté 64 tours	110	120	130	122 aiguilles	49	47	42	697
	3 Petit.	71	81	91	De chaque côté 30 aiguilles	De chaque côté 62 tours	102	112	122	118 aiguilles	48	45	40	660
Femmes et Cadets.	1 Extra..	65	75	85	De chaque côté 30 aiguilles	De chaque côté 62 tours	94	104	114	118 aiguilles	48	45	40	634
	2 Moyen.	50	60	70	De chaque côté 30 aiguilles	De chaque côté 62 tours	86	96	106	118 aiguilles	48	45	40	602
	3 Petit.	53	63	73	De chaque côté 30 aiguilles	De chaque côté 62 tours	78	88	98	118 aiguilles	48	45	40	570
Fillettes et Cadets de 7 à 14 ans..	1 Extra..	47	57	67	De chaque côté 28 aiguilles	De chaque côté 58 tours	70	80	90	110 aiguilles	45	42	37	519
	2 Moyen.	41	51	61	De chaque côté 26 aiguilles	De chaque côté 54 tours	62	72	82	104 aiguilles	43	41	34	472
	3 Petit.	35	45	55	De chaque côté 24 aiguilles	De chaque côté 50 tours	54	64	74	98 aiguilles	40	38	32	423
Enfants de 1 à 6 ans.	1 Extra..	30	39	48	De chaque côté 22 aiguilles	De chaque côté 46 tours	47	56	65	88 aiguilles	37	35	31	366
	2 Moyen.	25	33	41	De chaque côté 20 aiguilles	De chaque côté 42 tours	40	48	56	80 aiguilles	34	31	29	316
	3 Petit.	20	27	34	De chaque côté 18 aiguilles	De chaque côté 38 tours	33	40	47	70 aiguilles	30	28	27	263

N° 11 Le *Tableau des pointes* s'emploie avec celui-ci (3e partie art. 2).

(1) On commence la chaussette à la 7e colonne (voir 3e partie art. 7).

(2) Pour les talons à la main on doit tricoter des tours en moins de 20 à 25 pour cent pour hommes et femmes, de 35 à 40 pour cent pour fillettes et cadets, de 10 à 15 pour cent, pour enfants de 1 à 6 ans (3e partie, art. 2, 10e colonne).

(3) A la main, c'est la maille qui s'en va.

N° 5

CYLINDRES DE 180 AIGUILLES OU MAILLES

TABLEAU SYNOPTIQUE DES PROPORTIONS A OBSERVER

Pour la fabrication des Bas et Chaussettes de toutes grandeurs, par la Tricoteuse universelle de J.-P. M. ou à la main

1 NUMÉROS et GRANDEURS des BAS & CHAUSSETTES		2 Longueur du pied à faire par centimètres	3 NOMBRE de mailles ou d'aiguilles employées pour chaque dimension de bas	4 NOMBRE de tours à faire pour chaque ourlet ou revers pour bas	5 NOMBRE de tours à faire de l'ourlet aux diminutions du bas du mollet et de la jambe suivant la matière employée			6 DIMINUTIONS du bas du mollet à la jambe — NOMBRE des aiguilles à enlever par 4 à la fois dont 2 à droite et 2 gauche	7 TOTAL DES NOMBRES de tours à faire sur les diminutions de la jambe (1)	8 NOMBRE de tours à faire des diminutions de la jambe au talon suivant la matière employée			9 NOMBRE d'aiguilles à faire fonctionner pour faire le talon — Rond ou carré le talon se fait toujours avec la 1/2 des aiguilles employées	10 NOMBRE de tours à faire pour tricoter le talon carré (2)	11 NOMBRE de tours à faire du talon aux diminutions de la pointe suivant la matière employée			12 DIMINUTIONS de la pointe — DIVISEZ le nombre d'aiguilles en 4 parties moins 8, 12 ou 16 aig. destinées à limiter les diminutions — NOMBRE d'aiguilles à enlever par 4, 8, 12 à la fois (3)	13 NOMBRE de tours à faire sur chaque diminution de la pointe — Pour le détail voir le n° 14 enlever à la fois			14 NOMBRE total des tours à faire pour tricoter en entier chaque numéro de bas
		centim.			Grosse	Moy.	Fine			Grosse	Moy.	Fine			Grosse	Moy.	Fine		Par 4 aig.	Par 8 aig.	Par 12 aig.	
Hommes.	1 Extra.	30	180	55	260	270	280	9 tours 38 aiguilles	90	93	107	117	De chaque côté 35 aiguilles	De chaque côté 72 tours	133	143	153	142 aiguilles	60	57	51	794
	2 Moyen.	28	180	55	252	262	272	8 tours 44 aiguilles	88	90	100	110	De chaque côté 34 aiguilles	De chaque côté 70 tours	124	134	144	136 aiguilles	58	55	46	764
	3 Petit.	26	180	50	240	250	260	7 tours 48 aiguilles	84	83	93	103	De chaque côté 33 aiguilles	De chaque côté 68 tours	115	125	135	132 aiguilles	56	53	46	723
Femmes et Cadets.	1 Extra.	24	180	50	223	233	243	6 tours 48 aiguilles	72	76	86	96	De chaque côté 33 aiguilles	De chaque côté 68 tours	106	116	126	132 aiguilles	56	53	46	678
	2 Moyen.	22	180	50	204	214	224	6 tours 48 aiguilles	72	69	79	89	De chaque côté 33 aiguilles	De chaque côté 68 tours	97	107	117	132 aiguilles	56	53	46	643
	3 Petit.	20	180	45	185	195	205	6 tours 48 aiguilles	72	62	72	82	De chaque côté 33 aiguilles	De chaque côté 68 tours	88	98	108	132 aiguilles	56	53	46	603
Fillettes et Cadets de 7 à 14 ans.	1 Extra.	18	166	42	166	176	186	6 tours 44 aiguilles	66	55	65	75	De chaque côté 31 aiguilles	De chaque côté 64 tours	79	89	99	122 aiguilles	53	50	42	552
	2 Moyen.	17	152	38	148	158	168	6 tours 38 aiguilles	60	48	58	68	De chaque côté 29 aiguilles	De chaque côté 60 tours	70	80	90	114 aiguilles	50	48	39	502
	3 Petit.	16	138	36	130	140	150	6 tours 32 aiguilles	48	41	51	61	De chaque côté 27 aiguilles	De chaque côté 56 tours	61	71	81	106 aiguilles	47	45	36	447
Enfants de 1 à 6 ans.	1 Extra.	14	124	32	113	123	133	6 tours 28 aiguilles	42	34	44	54	De chaque côté 24 aiguilles	De chaque côté 50 tours	52	62	72	96 aiguilles	42	40	36	393
	2 Moyen.	12	110	28	94	107	116	6 tours 24 aiguilles	36	28	37	46	De chaque côté 21 aiguilles	De chaque côté 44 tours	44	53	62	86 aiguilles	38	36	32	341
	3 Petit.	10	96	26	86	92	100	6 tours 20 aiguilles	30	22	30	38	De chaque côté 19 aiguilles	De chaque côté 40 tours	36	44	52	76 aiguilles	33	31	27	293

N° 12 Le *Tableau des pointes* s'emploie avec celui-ci (3e partie art. 2).

(1) On commence la chaussette à la 7e colonne (voir 3e partie art. 7).

(2) Pour les talons à la religieuse on doit tricoter des tours en moins de 30 à 35 pour cent pour hommes et femmes, de 35 à 40 pour cent pour fillettes et cadets, de 40 à 45 pour cent pour enfants de 1 à 6 ans (3e partie art. 2, 10e colonne).

(3) A la main, c'est la maille qui s'en va.

N° 6

CYLINDRES DE 200 AIGUILLES OU MAILLES

TABLEAU SYNOPTIQUE DES PROPORTIONS A OBSERVER

Pour la fabrication des Bas et Chaussettes de toutes grandeurs, par la Tricoteuse universelle de J.-P. M. ou à la main

1 NUMÉROS et GRANDEURS des BAS & CHAUSSETTES		2 Longueur du pied à faire par centimètres	3 NOMBRE de mailles ou d'aiguilles employées pour chaque dimension de bas	4 NOMBRE de tours à faire pour chaque ourlet ou revers pour bas	5 NOMBRE de tours à faire de l'ourlet aux diminutions du bas du mollet et de la jambe suivant la matière employée			6 DIMINUTIONS du bas du mollet à la jambe — NOMBRE des aiguilles à enlever par 4 à la fois dont 2 à droite et 2 à gauche	7 TOTAL DES NOMBRES de tours à faire sur les diminutions de la jambe (1)	8 NOMBRE de tours à faire des diminutions de la jambe au talon suivant la matière employée			9 NOMBRE d'aiguilles à faire fonctionner pour faire le talon — Rond ou carré le talon se fait toujours avec la 1/2 des aiguilles employées	10 NOMBRE de tours à faire pour tricoter le talon carré (2)	11 NOMBRE de tours à faire du talon aux diminutions de la pointe suivant la matière employée			12 DIMINUTIONS de la pointe — Divisez le nombre d'aiguilles en 4 parties moins 8, 12 ou 16 aig. destinées à limiter les diminutions — NOMBRE d'aiguilles à enlever par 4, 8, 12 à la fois (3)	13 NOMBRE de tours à faire sur chaque diminution de la pointe — Pour le détail voir le n° 13 — enlever à la fois			14 NOMBRE total des tours à faire pour tricoter en entier chaque numéro de bas
		centim.			Grosse	Moy.	Fine			Grosse	Moy.	Fine			Grosse	Moy.	Fine		Par 4 aig.	Par 8 aig.	Par 12 aig.	
Hommes.	1 Extra.	30	200	55	270	280	290	10 tours 44 aiguilles	110	111	121	131	De chaque côté 39 aiguilles	De chaque côté 80 tours	148	158	168	156 aiguilles	64	60	53	864
	2 Moyen.	28	200	55	265	275	285	8 tours 50 aiguilles	104	103	113	123	De chaque côté 37 aiguilles	De chaque côté 78 tours	138	148	158	150 aiguilles	62	57	51	830
	3 Petit.	26	200	50	255	265	275	7 tours 54 aiguilles	98	95	105	115	De chaque côté 36 aiguilles	De chaque côté 74 tours	128	138	148	146 aiguilles	60	56	50	786
Femmes et Cadets.	1 Extra.	24	200	50	240	250	260	7 tours 54 aiguilles	98	87	97	107	De chaque côté 36 aiguilles	De chaque côté 74 tours	118	128	138	146 aiguilles	60	56	50	753
	2 Moyen.	22	200	50	222	232	242	7 tours 54 aiguilles	98	79	89	99	De chaque côté 36 aiguilles	De chaque côté 74 tours	108	118	128	146 aiguilles	60	56	50	717
	3 Petit.	20	200	45	202	212	222	7 tours 54 aiguilles	98	71	81	91	De chaque côté 36 aiguilles	De chaque côté 74 tours	98	108	118	146 aiguilles	60	56	50	674
Fillettes et Cadets de 7 à 14 ans.	1 Extra.	18	184	42	184	194	204	7 tours 50 aiguilles	91	63	73	83	De chaque côté 34 aiguilles	De chaque côté 70 tours	88	98	108	134 aiguilles	56	54	48	622
	2 Moyen.	17	168	38	164	174	184	7 tours 44 aiguilles	84	55	65	75	De chaque côté 31 aiguilles	De chaque côté 64 tours	78	88	98	124 aiguilles	52	50	45	563
	3 Petit.	16	152	35	144	154	164	7 tours 38 aiguilles	70	47	57	67	De chaque côté 29 aiguilles	De chaque côté 60 tours	68	78	88	114 aiguilles	49	47	41	501
Enfants de 1 à 6 ans.	1 Extra.	14	134	32	125	135	145	7 tours 30 aiguilles	56	39	42	50	De chaque côté 26 aiguilles	De chaque côté 54 tours	58	68	78	104 aiguilles	44	45	38	432
	2 Moyen.	12	118	29	108	117	126	6 tours 26 aiguilles	42	32	41	50	De chaque côté 23 aiguilles	De chaque côté 48 tours	49	58	67	92 aiguilles	39	39	33	374
	3 Petit.	10	102	26	92	100	108	6 tours 22 aiguilles	36	25	33	41	De chaque côté 20 aiguilles	De chaque côté 42 tours	40	48	56	80 aiguilles	35	34	27	319

N° 13 Le *Tableau des pointes* s'emploie avec celui-ci (3e partie art. 2).

(1) On commence la chaussette à la 7e colonne (voir 3e partie art. 7).

(2) Pour les talons à la religieuse on doit tricoter des tours en moins de 30 à 35 pour cent pour hommes et femmes, de 35 à 40 pour cent pour fillettes et cadets, de 40 à 45 pour cent, pour enfants de 1 à 6 ans (3e partie art. 2, 10e colonne).

(3) A la main, c'est la maille qui s'en va.

N° 7

CYLINDRES DE 240 AIGUILLES OU MAILLES

TABLEAU SYNOPTIQUE DES PROPORTIONS A OBSERVER

Pour la fabrication des Bas et Chaussettes de toutes grandeurs, par la Tricoteuse universelle de J.-P. M. ou à la main

1 NUMÉROS et GRANDEURS des BAS & CHAUSSETTES		2 Longueur du pied à faire par centimètres	3 NOMBRE de mailles ou d'aiguilles employées pour chaque dimension de bas	4 NOMBRE de tours à faire pour chaque ourlet ou revers pour bas	5 NOMBRE de tours à faire, de l'ourlet aux diminutions du bas du mollet et de la jambe suivant la matière employée			6 DIMINUTIONS du bas du mollet à la jambe — NOMBRE des aiguilles à enlever par 4 à la fois dont 2 à droite et 2 gauche	7 TOTAL DES NOMBRES de tours à faire sur les diminutions de la jambe. (1)	8 NOMBRE de tours à faire des diminutions de la jambe au talon suivant la matière employée			9 NOMBRE d'aiguilles à faire fonctionner pour faire le talon — Rond ou carré le talon se fait toujours avec la 1/2 des aiguilles employées	10 NOMBRE de tours à faire pour tricoter le talon carré (2)	11 NOMBRE de tours à faire du talon aux diminutions de la pointe suivant la matière employée			12 DIMINUTIONS de la pointe — DIVISEZ le nombre d'aiguilles en 4 parties moins 8, 12 ou 16 aig. destinées à limiter les diminutions — NOMBRE d'aiguilles à enlever par 4, 8, 12 à la fois (3)	13 NOMBRE de tours à faire sur chaque diminution de la pointe — Pour le détail voir le n° 14 enlever à la fois			14 NOMBRE total des tours à faire pour tricoter en entier chaque numéro de bas
		centim.			Grosse	Moy.	Fine			Grosse	Moy.	Fine			Grosse	Moy.	Fine		Par 4 aig.	Par 8 aig.	Par 12 aig.	
Hommes.	1 Extra..	30	240	60	290	300	310	11 tours 54 aiguilles	154	125	135	145	De chaque côté 49 aiguilles	De chaque côté 94 tours	163	173	183	186 aiguilles	71	68	60	984
	2 Moyen.	28	240	60	285	295	305	10 tours 58 aiguilles	150	116	126	136	De chaque côté 45 aiguilles	De chaque côté 92 tours	152	162	172	182 aiguilles	68	63	57	948
	3 Petit. .	26	240	56	275	285	295	9 tours 62 aiguilles	144	107	117	127	De chaque côté 44 aiguilles	De chaque côté 90 tours	141	151	161	178 aiguilles	65	60	54	903
Femmes et Cadets.	1 Extra..	24	240	56	260	270	280	8 tours 66 aiguilles	136	98	108	118	De chaque côté 43 aiguilles	De chaque côté 88 tours	130	140	150	174 aiguilles	62	57	51	855
	2 Moyen.	22	240	54	240	250	260	8 tours 66 aiguilles	136	89	99	109	De chaque côté 43 aiguilles	De chaque côté 88 tours	119	129	139	174 aiguilles	62	57	51	813
	3 Petit. .	20	240	54	220	230	240	8 tours 66 aiguilles	136	80	90	100	De chaque côté 43 aiguilles	De chaque côté 88 tours	108	118	128	174 aiguilles	62	57	51	773
Fillettes et Cadets de 7 à 14 ans..	1 Extra..	18	220	50	200	210	220	8 tours 60 aiguilles	120	71	81	91	De chaque côté 40 aiguilles	De chaque côté 82 tours	97	107	117	160 aiguilles	58	55	49	705
	2 Moyen.	17	200	50	180	190	200	8 tours 52 aiguilles	108	62	72	82	De chaque côté 37 aiguilles	De chaque côté 76 tours	86	96	106	148 aiguilles	54	52	44	644
	3 Petit. .	16	180	45	160	170	180	8 tours 44 aiguilles	88	53	63	73	De chaque côté 34 aiguilles	De chaque côté 70 tours	73	83	93	136 aiguilles	50	49	40	568
Enfants de 1 à 6 ans.	1 Extra..	14	160	40	140	150	160	8 tours 36 aiguilles	72	44	54	64	De chaque côté 31 aiguilles	De chaque côté 64 tours	64	74	84	124 aiguilles	46	46	36	500
	2 Moyen.	12	140	35	120	130	140	8 tours 28 aiguilles	56	35	45	55	De chaque côté 28 aiguilles	De chaque côté 58 tours	53	63	73	112 aiguilles	42	42	32	429
	3 Petit. .	10	120	30	109	110	119	8 tours 24 aiguilles	48	27	36	45	De chaque côté 24 aiguilles	De chaque côté 50 tours	43	52	61	96 aiguilles	37	36	27	362

N° 14 Le *Tableau des pointes* s'emploie avec celui-ci (3e partie art. 2).

(1) On commence la chaussette à la 7e colonne (voir 3e partie art. 7).

(2) Pour les talons à la religieuse on doit tricoter des tours en moins de 30 à 35 pour cent pour hommes et femmes, de 35 à 40 pour cent pour fillettes et cadets, de 40 à 45 pour cent, pour enfants de 1 à 6 ans (3e partie, art. 2, 10e colonne).

(3) A la main, c'est la maille qui s'en va.

N° 8

CYLINDRES DE 72 AIGUILLES OU MAILLES

TABLEAU SYNOPTIQUE DES PROPORTIONS A OBSERVER

Pour la fabrication des Pointes de bas et chaussettes par la Tricoteuse universelle de J.-P. M. ou à la main, en suivant les diminutions par 4, 8, 12 aiguilles ou mailles

1 CATÉGORIES DE PIEDS	2 HOMMES			3 FEMMES & CADETS			4 FILLETTES & CADETS DE 7 A 14 ANS			5 ENFANTS DE 1 A 6 ANS		
2 **Numéros de bas par catégorie**	n° 1 extra	n° 2 moyen	n° 3 petit	n° 1 extra	n° 2 moyen	n° 3 petit	n° 1 extra	n° 2 moyen	n° 3 petit	n° 1 extra	n° 2 moyen	n° 3 petit
3 **Longueur des pieds**	30 cent.	28 cent.	26 cent.	24 cent.	22 cent.	20 cent.	18 cent.	17 cent.	16 cent.	14 cent.	12 cent.	10 cent.
4 **Nombre d'aiguilles à enlever pour chaque numéro de bas**	62 aig.	60 aig.	58 aig.	56 aig.	56 aig.	56 aig.	52 aig.	48 aig.	44 aig.	38 aig.	34 aig.	28 aig.
5 **Nombre des diminutions**	16 dimin.	15 dimin.	15 dimin.	14 dimin.	14 dimin.	14 dimin.	13 dimin.	12 dimin.	11 dimin.	10 dimin.	9 dimin.	7 dimin.
6 **Diminutions par 4 aiguilles ou mailles à la fois**	10 fois 2 tours 20 6 » 1 » 6 Tours 26	9 fois 2 tours 18 6 » 1 » 6 Tours 24	9 fois 2 tours 18 6 » 1 » 6 Tours 24	8 fois 2 tours 16 6 » 1 » 6 Tours 22	8 fois 2 tours 16 6 » 1 » 6 Tours 22	8 fois 2 tours 16 6 » 1 » 6 Tours 22	7 fois 2 tours 14 6 » 1 » 6 Tours 20	6 fois 2 tours 12 6 » 1 » 6 Tours 18	5 fois 2 font 10 6 » 1 » 6 Tours 16	4 fois 2 tours 8 6 » 1 » 6 Tours 14	4 fois 2 tours 8 5 » 1 » 5 Tours 13	4 fois 2 tours 8 3 » 1 » 3 Tours 11
7 **Nombre des diminutions**	10 dimin.	9 dimin.	9 dimin.	8 dimin.	8 dimin.	8 dimin.	8 dimin.	7 dimin.	7 dimin.	6 dimin.	5 dimin.	4 dimin.
8 **Diminutions par 8 aiguilles ou mailles à la fois**	2 fois 4 tours 8 3 » 3 » 9 3 » 2 » 6 2 » 1 » 2 Tours 25	2 fois 4 tours 8 3 » 3 » 9 2 » 2 » 4 2 » 1 » 2 Tours 23	2 fois 4 tours 8 3 » 3 » 9 2 » 2 » 4 1 » 1 » 1 Tours 22	2 fois 4 tours 8 2 » 3 » 6 2 » 2 » 4 2 » 1 » 2 Tours 20	2 fois 4 tours 8 2 » 3 » 6 2 » 2 » 4 2 » 1 » 2 Tours 20	2 fois 4 tours 8 2 » 3 » 6 2 » 2 » 4 2 » 1 » 2 Tours 20	2 fois 4 tours 8 2 » 3 » 6 1 » 2 » 2 2 » 1 » 2 Tours 20	2 fois 4 tours 8 2 » 3 » 6 1 » 2 » 2 2 » 1 » 2 Tours 18	1 fois 4 tours 4 2 » 3 » 6 2 » 2 » 4 2 » 1 » 2 Tours 16	1 fois 4 tours 4 1 » 3 » 3 2 » 2 » 4 2 » 1 » 2 Tours 13	1 fois 4 tours 4 1 » 3 » 3 2 » 2 » 4 1 » 1 » 1 Tours 12	1 fois 4 tours 4 1 » 3 » 3 1 » 2 » 2 1 » 1 » 1 Tours 10
9 **Nombre des diminutions**	7 dimin.	6 dimin.	6 dimin.	5 dimin.	5 dimin.	5 dimin.	5 dimin.	5 dimin.	4 dimin.	4 dimin.	4 dimin.	4 dimin.
10 **Diminutions par 12 aiguilles ou mailles à la fois**	1 fois 6 tours 6 1 » 5 » 5 1 » 4 » 4 2 » 3 » 6 1 » 2 » 2 1 » 1 » 1 Tours 24	1 fois 6 tours 6 1 » 5 » 5 1 » 4 » 4 1 » 3 » 3 2 » 2 » 4 Tours 22	1 fois 6 tours 6 1 » 5 » 5 1 » 4 » 4 1 » 3 » 3 1 » 2 » 2 1 » 1 » 1 Tours 21	1 fois 6 tours 6 1 » 5 » 5 1 » 4 » 4 1 » 3 » 3 1 » 2 » 2 Tours 20	1 fois 6 tours 6 1 » 5 » 5 1 » 4 » 4 1 » 3 » 3 1 » 2 » 2 Tours 20	1 fois 6 tours 6 1 » 5 » 5 1 » 4 » 4 1 » 3 » 3 1 » 2 » 2 Tours 20	1 fois 6 tours 6 1 » 5 » 5 1 » 4 » 4 1 » 3 » 3 1 » 1 » 1 Tours 19	1 fois 6 tours 6 1 » 5 » 5 1 » 4 » 4 1 » 2 » 2 1 » 1 » 1 Tours 18	1 fois 6 tours 6 1 » 5 » 5 1 » 3 » 3 1 » 2 » 2 Tours 16	1 fois 6 tours 6 1 » 4 » 4 1 » 2 » 2 1 » 1 » 1 Tours 13	1 fois 5 tours 5 1 » 4 » 4 1 » 2 » 2 1 » 1 » 1 Tours 12	1 fois 4 tours 4 1 » 3 » 3 1 » 2 » 2 1 » 1 » 1 Tours 10

N° 1 Le tableau de proportions de fabrication s'emploie avec celui-ci (3e partie art. 3).

NOTA. — Les diminutions par 12 aiguilles ou mailles à la fois se font en moitié moins de temps que par 4 et 8 aiguilles ou mailles et la pointe est bien plus belle (2e partie art. 18.)

N° 9

CYLINDRES DE 100 AIGUILLES OU MAILLES

TABLEAU SYNOPTIQUE DES PROPORTIONS A OBSERVER

Pour la fabrication des Pointes de bas et chaussettes par la Tricoteuse universelle de J.-P. M. ou à la main, en suivant les diminutions par 4, 8, 12 aiguilles ou mailles

1	2			3			4			5		
1 CATÉGORIES DE PIEDS	HOMMES			FEMMES & CADETS			FILLETTES & CADETS DE 7 A 14 ANS			ENFANTS DE 1 A 6 ANS		
2 Numéros de bas par catégorie	n° 1 extra	n° 2 moyen	n° 3 petit	n° 1 extra	n° 2 moyen	n° 3 petit	n° 1 extra	n° 2 moyen	n° 3 petit	n° 1 extra	n° 2 moyen	n° 3 petit
3 Longueur des pieds	30 cent.	28 cent.	26 cent.	24 cent.	22 cent.	20 cent.	18 cent.	17 cent.	16 cent.	14 cent.	12 cent.	10 cent.
4 Nombre d'aiguilles à enlever pour chaque numéro de bas	82 aig.	80 aig.	78 aig.	76 aig.	76 aig.	76 aig.	70 aig.	64 aig.	58 aig.	52 aig.	46 aig.	40 aig.
5 Nombre des diminutions	21 dimin.	20 dimin.	20 dimin.	19 dimin.	19 dimin.	19 dimin.	18 dimin.	16 dimin.	15 dimin.	13 dimin.	12 dimin.	10 dimin.
6 Diminutions par 4 aiguilles ou mailles à la fois	15 fois 2 tours 30 6 » 1 » 6 Tours 36	14 fois 2 tours 28 6 » 1 » 6 Tours 34	14 fois 2 tours 28 6 » 1 » 6 Tours 34	14 fois 2 tours 28 5 » 1 » 5 Tours 33	14 fois 2 tours 28 5 » 1 » 5 Tours 33	13 fois 2 tours 26 6 » 1 » 6 Tours 32	12 fois 2 tours 24 6 » 1 » 6 Tours 30	11 fois 2 tours 22 5 » 1 » 5 Tours 27	10 fois 2 font 20 5 » 1 » 5 Tours 25	9 fois 2 tours 18 4 » 1 » 4 Tours 22	8 fois 2 tours 16 4 » 1 » 4 Tours 20	6 fois 2 tours 12 4 » 1 » 4 Tours 16
7 Nombre des diminutions	11 dimin.	10 dimin.	10 dimin.	10 dimin.	10 dimin.	10 dimin.	9 dimin.	8 dimin.	8 dimin.	7 dimin.	6 dimin.	6 dimin.
8 Diminutions par 8 aiguilles ou mailles à la fois	1 fois 5 tours 5 3 » 4 » 12 3 » 3 » 9 3 » 2 » 6 1 » 1 » 1 Tours 33	1 fois 5 tours 5 3 » 4 » 12 2 » 3 » 6 3 » 2 » 6 1 » 1 » 1 Tours 30	1 fois 5 tours 5 2 » 4 » 8 3 » 3 » 9 2 » 2 » 4 2 » 1 » 2 Tours 28	1 fois 5 tours 5 2 » 4 » 8 2 » 3 » 6 3 » 2 » 6 2 » 1 » 2 Tours 27	1 fois 5 tours 5 2 » 4 » 8 2 » 3 » 6 3 » 2 » 6 2 » 1 » 2 Tours 27	1 fois 5 tours 5 2 » 4 » 8 2 » 3 » 6 3 » 2 » 6 2 » 1 » 2 Tours 27	1 fois 5 tours 5 2 » 4 » 8 2 » 3 » 6 2 » 2 » 4 2 » 1 » 2 Tours 25	1 fois 5 tours 5 2 » 4 » 8 2 » 3 » 6 1 » 2 » 2 2 » 1 » 2 Tours 23	1 fois 5 tours 5 1 » 4 » 4 2 » 3 » 6 2 » 2 » 4 2 » 1 » 2 Tours 21	1 fois 5 tours 5 1 » 4 » 4 1 » 3 » 3 2 » 2 » 4 2 » 1 » 2 Tours 18	1 fois 5 tours 5 1 » 4 » 4 1 » 3 » 3 1 » 2 » 2 2 » 1 » 2 Tours 16	1 fois 4 tours 4 1 » 3 » 3 2 » 2 » 4 2 » 1 » 2 Tours 13
9 Nombre des diminutions	8 dimin.	8 dimin.	8 dimin.	7 dimin.	7 dimin.	7 dimin.	6 dimin.	6 dimin.	5 dimin.	5 dimin.	4 dimin.	4 dimin.
10 Diminutions par 12 aiguilles ou mailles à la fois	2 fois 6 tours 12 2 » 5 » 10 1 » 4 » 4 1 » 3 » 3 1 » 2 » 2 1 » 1 » 1 Tours 32	2 fois 6 tours 12 1 » 5 » 5 1 » 4 » 4 1 » 3 » 3 2 » 2 » 4 1 » 1 » 1 Tours 29	1 fois 6 tours 6 1 » 5 » 5 2 » 4 » 8 2 » 3 » 6 1 » 2 » 2 1 » 1 » 1 Tours 28	2 fois 6 tours 12 1 » 5 » 5 1 » 4 » 4 1 » 3 » 3 1 » 2 » 2 1 » 1 » 1 Tours 27	2 fois 6 tours 12 1 » 5 » 5 1 » 4 » 4 1 » 3 » 3 1 » 2 » 2 1 » 1 » 1 Tours 27	2 fois 6 tours 12 1 » 5 » 5 1 » 4 » 4 1 » 3 » 3 1 » 2 » 2 1 » 1 » 1 Tours 27	2 fois 6 tours 12 1 » 5 » 5 1 » 4 » 4 1 » 3 » 3 1 » 1 » 1 Tours 25	2 fois 6 tours 12 1 » 5 » 5 1 » 3 » 3 1 » 2 » 2 1 » 1 » 1 Tours 23	1 fois 6 tours 6 1 » 5 » 5 1 » 4 » 4 1 » 3 » 3 1 » 2 » 2 Tours 20	1 fois 6 tours 6 1 » 5 » 5 1 » 4 » 4 1 » 2 » 2 1 » 1 » 1 Tours 18	1 fois 6 tours 6 1 » 5 » 5 1 » 3 » 3 1 » 1 » 1 Tours 15	1 fois 5 tours 5 1 » 4 » 4 1 » 2 » 2 1 » 1 » 1 Tours 12

NOTA. — Les diminutions par 12 aiguilles ou mailles à la fois se font en moitié moins de temps que par 4 et 8 aiguilles ou mailles et la pointe est bien plus belle (2e partie art. 18.)

N° 2 Le tableau de proportions de fabrication [illegible]

N° 10

CYLINDRES DE 130 AIGUILLES OU MAILLES

TABLEAU SYNOPTIQUE DES PROPORTIONS A OBSERVER

Pour la fabrication des Pointes de bas et chaussettes par la Tricoteuse universelle de J.-P. M. ou à la main, en suivant les diminutions par 4, 8, 12 aiguilles ou mailles

1	2			3			4			5		
1 CATÉGORIES DE PIEDS	HOMMES			FEMMES &		CADETS	FILLETTES & CADETS DE 7 A 14 ANS			ENFANTS DE 4 A 6 ANS		
2 Numéros de bas par catégorie	n° 1 extra	n° 2 moyen	n° 3 petit	n° 1 extra	n° 2 moyen	n° 3 petit	n° 1 extra	n° 2 moyen	n° 3 petit	n° 1 extra	n° 2 moyen	n° 3 petit
3 Longueur des pieds	30 cent.	28 cent.	26 cent.	24 cent.	22 cent.	20 cent.	18 cent.	17 cent.	16 cent.	14 cent.	12 cent.	10 cent.
4 Nombre d'aiguilles à enlever pour chaque numéro de bas	108 aig.	104 aig.	100 aig.	100 aig.	100 aig.	100 aig.	94 aig.	86 aig.	78 aig.	72 aig.	64 aig.	56 aig.
5 Nombre des diminutions	27 dimin.	26 dimin.	25 dimin.	25 dimin.	25 dimin.	25 dimin.	24 dimin.	22 dimin.	20 dimin.	18 dimin.	16 dimin.	14 dimin.
6 Diminutions par 4 aiguilles ou mailles à la fois	4 fois 3 tours 12 10 » 2 » 20 13 » 1 » 13 Tours 45	4 fois 3 tours 12 9 » 2 » 18 13 » 1 » 13 Tours 43	4 fois 3 tours 12 10 » 2 » 20 11 » 1 » 11 Tours 43	4 fois 3 tours 12 10 » 2 » 20 11 » 1 » 11 Tours 43	4 fois 3 tours 12 10 » 2 » 20 11 » 1 » 11 Tours 43	4 fois 3 tours 12 10 » 2 » 20 11 » 1 » 11 Tours 43	3 fois 3 tours 9 10 » 2 » 20 11 » 1 » 11 Tours 40	3 fois 3 tours 9 9 » 2 » 18 10 » 1 » 10 Tours 37	3 fois 3 tours 9 8 » 2 » 16 9 » 1 » 9 Tours 34	2 fois 3 tours 6 8 » 2 » 16 8 » 1 » 8 Tours 30	2 fois 3 tours 6 6 » 2 » 12 8 » 1 » 8 Tours 26	1 fois 3 tours 3 5 » 2 » 10 8 » 1 » 8 Tours 21
7 Nombre des diminutions	14 dimin.	13 dimin.	13 dimin.	13 dimin.	13 dimin.	13 dimin.	12 dimin.	11 dimin.	10 dimin.	9 dimin.	8 dimin.	7 dimin.
8 Diminutions par 8 aiguilles ou mailles à la fois	2 fois 5 tours 10 3 » 4 » 12 4 » 3 » 12 3 » 2 » 6 2 » 1 » 2 Tours 42	2 fois 5 tours 10 3 » 4 » 12 3 » 3 » 9 3 » 2 » 6 2 » 1 » 2 Tours 39	2 fois 5 tours 10 3 » 4 » 12 3 » 3 » 9 2 » 2 » 4 3 » 1 » 3 Tours 38	2 fois 5 tours 10 3 » 4 » 12 3 » 3 » 9 2 » 2 » 4 3 » 1 » 3 Tours 38	2 fois 5 tours 10 3 » 4 » 12 3 » 3 » 9 2 » 2 » 4 3 » 1 » 3 Tours 38	2 fois 5 tours 10 3 » 4 » 12 3 » 3 » 9 2 » 2 » 4 3 » 1 » 3 Tours 38	2 fois 5 tours 10 2 » 4 » 8 2 » 3 » 6 3 » 2 » 6 3 » 1 » 3 Tours 33	1 fois 5 tours 5 2 » 4 » 8 2 » 3 » 6 4 » 2 » 8 2 » 1 » 2 Tours 29	1 fois 5 tours 5 2 » 4 » 8 2 » 3 » 6 3 » 2 » 6 2 » 1 » 2 Tours 27	1 fois 5 tours 5 2 » 4 » 8 2 » 3 » 6 2 » 2 » 4 2 » 1 » 2 Tours 25	1 fois 5 tours 5 2 » 4 » 8 1 » 3 » 3 2 » 2 » 4 2 » 1 » 2 Tours 22	1 fois 5 tours 5 2 » 4 » 8 1 » 3 » 3 1 » 2 » 2 2 » 1 » 2 Tours 20
9 Nombre des diminutions	10 dimin.	10 dimin.	9 dimin.	9 dimin.	9 dimin.	9 dimin.	8 dimin.	8 dimin.	7 dimin.	7 dimin.	6 dimin.	5 dimin.
10 Diminutions par 12 aiguilles ou mailles à la fois	2 fois 6 tours 12 2 » 5 » 10 2 » 4 » 8 2 » 3 » 6 1 » 2 » 2 1 » 1 » 1 Tours 39	2 fois 6 tours 12 2 » 5 » 10 2 » 4 » 8 1 » 3 » 3 2 » 2 » 4 1 » 1 » 1 Tours 38	2 fois 6 tours 12 2 » 5 » 10 2 » 4 » 8 1 » 3 » 3 1 » 2 » 2 1 » 1 » 1 Tours 36	2 fois 6 tours 12 2 » 5 » 10 2 » 4 » 8 1 » 3 » 3 1 » 2 » 2 1 » 1 » 1 Tours 36	2 fois 6 tours 12 2 » 5 » 10 2 » 4 » 8 1 » 3 » 3 1 » 2 » 2 1 » 1 » 1 Tours 36	2 fois 6 tours 12 2 » 5 » 10 2 » 4 » 8 1 » 3 » 3 1 » 2 » 2 1 » 1 » 1 Tours 36	2 fois 6 tours 12 2 » 5 » 10 1 » 4 » 4 1 » 3 » 3 1 » 2 » 2 1 » 1 » 1 Tours 32	2 fois 6 tours 12 1 » 5 » 5 1 » 4 » 4 1 » 3 » 3 2 » 2 » 4 1 » 1 » 1 Tours 28	2 fois 6 tours 12 1 » 5 » 5 1 » 4 » 4 1 » 3 » 3 1 » 2 » 2 1 » 1 » 1 Tours 27	1 fois 6 tours 6 1 » 5 » 5 2 » 4 » 8 1 » 3 » 3 1 » 2 » 2 1 » 1 » 1 Tours 25	1 fois 6 tours 6 2 » 5 » 10 1 » 3 » 3 1 » 2 » 2 1 » 1 » 1 Tours 22	2 fois 6 tours 12 1 » 5 » 5 1 » 2 » 2 1 » 1 » 1 Tours 20

N° 3 Le tableau de proportions de fabrication s'emploie avec celui-ci (3e partie art. 3).

NOTA. — Les diminutions par 12 aiguilles ou mailles à la fois se font en moitié moins de temps que par 4 et 8 aiguilles ou mailles et la pointe est bien plus belle (2e partie art. 18).

N° 11

CYLINDRES DE 160 AIGUILLES OU MAILLES

TABLEAU SYNOPTIQUE DES PROPORTIONS A OBSERVER

Pour la fabrication des Pointes de bas et chaussettes par la Tricoteuse universelle de J.-P. M. ou à la main, en suivant les diminutions par 4, 8, 12 aiguilles ou mailles

1	2			3		
1 CATÉGORIES DE PIEDS	HOMMES			FEMMES &		CADETS
2 Numéros de bas par catégorie	n° 1 extra	n° 2 moyen	n° 3 petit	n° 1 extra	n° 2 moyen	n° 3 petit
3 Longueur des pieds	30 cent.	28 cent.	26 cent.	24 cent.	22 cent.	20 cent.
4 Nombre d'aiguilles à enlever pour chaque numéro de bas	126 aig.	122 aig.	118 aig.	118 aig.	118 aig.	118 aig.
5 Nombre des diminutions	32 dimin.	31 dimin.	30 dimin.	30 dimin.	30 dimin.	30 dimin.
6 Diminutions par 4 aiguilles ou mailles à la fois	4 fois 3 tours 12 11 » 2 » 22 17 » 1 » 17 Tours 51	4 fois 3 tours 12 10 » 2 » 20 17 » 1 » 17 Tours 49	4 fois 3 tours 12 10 » 2 » 20 16 » 1 » 16 Tours 48	4 fois 3 tours 12 10 » 2 » 20 16 » 1 » 16 Tours 48	4 fois 3 tours 12 10 » 2 » 20 16 » 1 » 16 Tours 48	4 fois 3 tours 12 10 » 2 » 20 16 » 1 » 16 Tours 48
7 Nombre des diminutions	17 dimin.	16 dimin.	15 dimin.	15 dimin.	15 dimin.	15 dimin.
8 Diminutions par 8 aiguilles ou mailles à la fois	3 fois 5 tours 15 3 » 4 » 12 4 » 3 » 12 4 » 2 » 8 3 » 1 » 3 Tours 50	3 fois 5 tours 15 3 » 4 » 12 3 » 3 » 9 4 » 2 » 8 3 » 1 » 3 Tours 47	3 fois 5 tours 15 3 » 4 » 12 3 » 3 » 9 3 » 2 » 6 3 » 1 » 3 Tours 45	3 fois 5 tours 15 3 » 4 » 12 3 » 3 » 9 3 » 2 » 6 3 » 1 » 3 Tours 45	3 fois 5 tours 15 3 » 4 » 12 3 » 3 » 9 3 » 2 » 6 3 » 1 » 3 Tours 45	3 fois 5 tours 15 3 » 4 » 12 3 » 3 » 9 3 » 2 » 6 3 » 1 » 3 Tours 45
9 Nombre des diminutions	12 dimin.	12 dimin.	11 dimin.	11 dimin.	11 dimin.	11 dimin.
10 Diminutions par 12 aiguilles ou mailles à la fois	2 fois 6 tours 12 3 » 5 » 15 2 » 4 » 8 2 » 3 » 6 2 » 2 » 4 1 » 1 » 1 Tours 46	2 fois 6 tours 12 2 » 5 » 10 2 » 4 » 8 2 » 3 » 6 2 » 2 » 4 2 » 1 » 2 Tours 42	2 fois 6 tours 12 2 » 5 » 10 2 » 4 » 8 2 » 3 » 6 1 » 2 » 2 2 » 1 » 2 Tours 40	2 fois 6 tours 12 2 » 5 » 10 2 » 4 » 8 2 » 3 » 6 1 » 2 » 2 2 » 1 » 2 Tours 40	2 fois 6 tours 12 2 » 5 » 10 2 » 4 » 8 2 » 3 » 6 1 » 2 » 2 2 » 1 » 2 Tours 40	2 fois 6 tours 12 2 » 5 » 10 2 » 4 » 8 2 » 3 » 6 1 » 2 » 2 2 » 1 » 2 Tours 40

1	4			5		
1 CATÉGORIES DE PIEDS	FILLETTES & CADETS DE 7 A 14 ANS			ENFANTS DE 1 A 6 ANS		
2 Numéros de bas par catégorie	n° 1 extra	n° 2 moyen	n° 3 petit	n° 1 extra	n° 2 moyen	n° 3 petit
3 Longueur des pieds	18 cent.	17 cent.	16 cent.	14 cent.	12 cent.	10 cent.
4 Nombre d'aiguilles à enlever pour chaque numéro de bas	110 aig.	104 aig.	96 aig.	88 aig.	80 aig.	70 aig.
5 Nombre des diminutions	28 dimin.	27 dimin.	25 dimin.	23 dimin.	21 dimin.	18 dimin.
6 Diminutions par 4 aiguilles ou mailles à la fois	4 fois 3 tours 12 9 » 2 » 18 15 » 1 » 15 Tours 45	4 fois 3 tours 12 8 » 2 » 16 15 » 1 » 15 Tours 43	4 fois 3 font 12 7 » 2 » 14 14 » 1 » 14 Tours 40	4 fois 3 tours 12 6 » 2 » 12 13 » 1 » 13 Tours 37	4 fois 3 tours 12 5 » 2 » 10 12 » 1 » 12 Tours 34	4 fois 3 tours 12 4 » 2 » 8 10 » 1 » 10 Tours 30
7 Nombre des diminutions	14 dimin.	14 dimin.	13 dimin.	12 dimin.	11 dimin.	9 dimin.
8 Diminutions par 8 aiguilles ou mailles à la fois	3 fois 5 tours 15 3 » 4 » 12 2 » 3 » 6 3 » 2 » 6 3 » 1 » 3 Tours 42	3 fois 5 tours 15 2 » 4 » 8 3 » 3 » 9 3 » 2 » 6 3 » 1 » 3 Tours 41	3 fois 5 tours 15 2 » 4 » 8 2 » 3 » 6 3 » 2 » 6 3 » 1 » 3 Tours 38	3 fois 5 tours 15 2 » 4 » 8 1 » 3 » 3 3 » 2 » 6 3 » 1 » 3 Tours 35	3 fois 5 tours 15 1 » 4 » 4 1 » 3 » 3 3 » 2 » 6 3 » 1 » 3 Tours 31	3 fois 5 tours 15 1 » 4 » 4 1 » 3 » 3 2 » 2 » 4 2 » 1 » 2 Tours 28
9 Nombre des diminutions	10 dimin.	9 dimin.	9 dimin.	8 dimin.	8 dimin.	7 dimin.
10 Diminutions par 12 aiguilles ou mailles à la fois	2 fois 6 tours 12 2 » 5 » 10 2 » 4 » 8 1 » 3 » 3 1 » 2 » 2 2 » 1 » 2 Tours 37	2 fois 6 tours 12 1 » 5 » 5 2 » 4 » 8 2 » 3 » 6 1 » 2 » 2 1 » 1 » 1 Tours 34	2 fois 6 tours 12 1 » 5 » 5 1 » 4 » 4 2 » 3 » 6 2 » 2 » 4 1 » 1 » 1 Tours 32	2 fois 6 tours 12 1 » 5 » 5 2 » 4 » 8 1 » 3 » 3 1 » 2 » 2 1 » 1 » 1 Tours 31	2 fois 6 tours 12 1 » 5 » 5 1 » 4 » 4 1 » 3 » 3 2 » 2 » 4 1 » 1 » 1 Tours 29	2 fois 6 tours 12 1 » 5 » 5 1 » 4 » 4 1 » 3 » 3 1 » 2 » 2 1 » 1 » 1 Tours 27

N° 4 Le tableau de proportions de fabrication s'emploie avec celui-ci (3e partie art. 3).

NOTA. — Les diminutions par 12 aiguilles ou mailles à la fois se font en moitié moins de temps que par 4 et 8 aiguilles ou mailles et la pointe est bien plus belle (2e partie art. 18.)

N° 12

CYLINDRES DE 180 AIGUILLES OU MAILLES

TABLEAU SYNOPTIQUE DES PROPORTIONS A OBSERVER

Pour la fabrication des Pointes de bas et chaussettes par la Tricoteuse universelle de J.-P. M. ou à la main, en suivant les diminutions par 4, 8, 12 aiguilles ou mailles

1	2			3			4			5		
1 CATÉGORIES DE PIEDS	HOMMES			FEMMES & CADETS			FILLETTES & CADETS DE 7 A 14 ANS			ENFANTS DE 1 A 6 ANS		
2 Numéros de bas par catégorie	n° 1 extra	n° 2 moyen	n° 3 petit	n° 1 extra	n° 2 moyen	n° 3 petit	n° 1 extra	n° 2 moyen	n° 3 petit	n° 1 extra	n° 2 moyen	n° 3 petit
3 Longueur des pieds	30 cent.	28 cent.	26 cent.	24 cent.	22 cent.	20 cent.	18 cent.	17 cent.	16 cent.	14 cent.	12 cent.	10 cent.
4 Nombre d'aiguilles à enlever pour chaque numéro de bas	142 aig.	136 aig.	132 aig.	132 aig.	132 aig.	132 aig.	122 aig.	114 aig.	106 aig.	96 aig.	86 aig.	76 aig.
5 Nombre des diminutions	36 dimin.	35 dimin.	34 dimin.	34 dimin.	34 dimin.	34 dimin.	32 dimin.	30 dimin.	28 dimin.	25 dimin.	23 dimin.	20 dimin.
6 Diminutions par 4 aiguilles ou mailles à la fois	4 fois 3 tours 12 16 » 2 » 32 16 » 1 » 16 Tours 60	4 fois 3 tours 12 15 » 2 » 30 16 » 1 » 16 Tours 58	4 fois 3 tours 12 14 » 2 » 28 16 » 1 » 16 Tours 56	4 fois 3 tours 12 14 » 2 » 28 16 » 1 » 16 Tours 56	4 fois 3 tours 12 14 » 2 » 28 16 » 1 » 16 Tours 56	4 fois 3 tours 12 14 » 2 » 28 16 » 1 » 16 Tours 56	4 fois 3 tours 12 13 » 2 » 26 15 » 1 » 15 Tours 53	4 fois 3 tours 12 12 » 2 » 24 14 » 1 » 14 Tours 50	4 fois 3 tours 12 11 » 2 » 22 13 » 1 » 13 Tours 47	4 fois 3 tours 12 9 » 2 » 18 12 » 1 » 12 Tours 42	4 fois 3 tours 12 7 » 2 » 14 12 » 1 » 12 Tours 38	4 fois 3 tours 12 5 » 2 » 10 11 » 1 » 11 Tours 33
7 Nombre des diminutions	18 dimin.	18 dimin.	17 dimin.	17 dimin.	17 dimin.	17 dimin.	16 dimin.	15 dimin.	14 dimin.	13 dimin.	12 dimin.	10 dimin.
8 Diminutions par 8 aiguilles ou mailles à la fois	2 fois 6 tours 12 2 » 5 » 10 3 » 4 » 12 4 » 3 » 12 4 » 2 » 8 3 » 1 » 3 Tours 57	2 fois 6 tours 12 2 » 5 » 10 3 » 4 » 12 3 » 3 » 9 4 » 2 » 8 4 » 1 » 4 Tours 55	2 fois 6 tours 12 2 » 5 » 10 3 » 4 » 12 3 » 3 » 9 3 » 2 » 6 4 » 1 » 4 Tours 53	2 fois 6 tours 12 2 » 5 » 10 3 » 4 » 12 3 » 3 » 9 3 » 2 » 6 4 » 1 » 4 Tours 53	2 fois 6 tours 12 2 » 5 » 10 3 » 4 » 12 3 » 3 » 9 3 » 2 » 6 4 » 1 » 4 Tours 53	2 fois 6 tours 12 2 » 5 » 10 3 » 4 » 12 3 » 3 » 9 3 » 2 » 6 4 » 1 » 4 Tours 53	2 fois 6 tours 12 2 » 5 » 10 3 » 4 » 12 2 » 3 » 6 3 » 2 » 6 4 » 1 » 4 Tours 50	2 fois 6 tours 12 2 » 5 » 10 2 » 4 » 8 3 » 3 » 9 3 » 2 » 6 3 » 1 » 3 Tours 48	2 fois 6 tours 12 2 » 5 » 10 2 » 4 » 8 2 » 3 » 6 3 » 2 » 6 3 » 1 » 3 Tours 45	2 fois 6 tours 12 1 » 5 » 5 2 » 4 » 8 2 » 3 » 6 3 » 2 » 6 3 » 1 » 3 Tours 40	2 fois 6 tours 12 1 » 5 » 5 1 » 4 » 4 2 » 3 » 6 3 » 2 » 6 3 » 1 » 3 Tours 36	2 fois 6 tours 12 1 » 5 » 5 1 » 4 » 4 1 » 3 » 3 2 » 2 » 4 3 » 1 » 3 Tours 31
9 Nombre des diminutions	13 dimin.	12 dimin.	12 dimin.	12 dimin.	12 dimin.	12 dimin.	11 dimin.	10 dimin.	9 dimin.	9 dimin.	8 dimin.	7 dimin.
10 Diminutions par 12 aiguilles ou mailles à la fois	2 fois 6 tours 12 3 » 5 » 15 3 » 4 » 12 3 » 3 » 9 1 » 2 » 2 1 » 1 » 1 Tours 51	2 fois 6 tours 12 2 » 5 » 10 3 » 4 » 12 3 » 3 » 9 1 » 2 » 2 1 » 1 » 1 Tours 46	2 fois 6 tours 12 2 » 5 » 10 3 » 4 » 12 3 » 3 » 9 1 » 2 » 2 1 » 1 » 1 Tours 46	2 fois 6 tours 12 2 » 5 » 10 3 » 4 » 12 3 » 3 » 9 1 » 2 » 2 1 » 1 » 1 Tours 46	2 fois 6 tours 12 2 » 5 » 10 3 » 4 » 12 3 » 3 » 9 1 » 2 » 2 1 » 1 » 1 Tours 46	2 fois 6 tours 12 2 » 5 » 10 3 » 4 » 12 3 » 3 » 9 1 » 2 » 2 1 » 1 » 1 Tours 46	2 fois 6 tours 12 2 » 5 » 10 2 » 4 » 8 3 » 3 » 9 1 » 2 » 2 1 » 1 » 1 Tours 42	2 fois 6 tours 12 2 » 5 » 10 2 » 4 » 8 2 » 3 » 6 1 » 2 » 2 1 » 1 » 1 Tours 39	2 fois 6 tours 12 2 » 5 » 10 2 » 4 » 8 1 » 3 » 3 1 » 2 » 2 1 » 1 » 1 Tours 36	2 fois 6 tours 12 2 » 5 » 10 2 » 4 » 8 1 » 3 » 3 1 » 2 » 2 1 » 1 » 1 Tours 36	2 fois 6 tours 12 2 » 5 » 10 1 » 4 » 4 1 » 3 » 3 1 » 2 » 2 1 » 1 » 1 Tours 32	2 fois 6 tours 12 1 » 5 » 5 1 » 4 » 4 1 » 3 » 3 1 » 2 » 2 1 » 1 » 1 Tours 27

N° 5 Le tableau de proportions de fabrication s'emploie avec celui-ci (3e partie art. 3).

NOTA. — Les diminutions par 12 aiguilles ou mailles à la fois se font en moitié moins de temps que par 4 et 8 aiguilles ou mailles et la pointe est bien plus belle (2e partie art. 18.)

N° 13

CYLINDRES DE 200 AIGUILLES OU MAILLES

TABLEAU SYNOPTIQUE DES PROPORTIONS A OBSERVER

Pour la fabrication des Pointes de bas et chaussettes par la Tricoteuse universelle de J.-P. M. ou à la main, en suivant les diminutions par 4, 8, 12 aiguilles ou mailles

1	2			3			4			5		
1 CATÉGORIES DE PIEDS	HOMMES			FEMMES & CADETS			FILLETTES & CADETS DE 7 A 14 ANS			ENFANTS DE 1 A 6 ANS		
2 Numéros de bas par catégorie	n° 1 extra	n° 2 moyen	n° 3 petit	n° 1 extra	n° 2 moyen	n° 3 petit	n° 1 extra	n° 2 moyen	n° 3 petit	n° 1 extra	n° 2 moyen	n° 3 petit
3 Longueur des pieds	30 cent.	28 cent.	26 cent.	24 cent.	22 cent.	20 cent.	18 cent.	17 cent.	16 cent.	14 cent.	12 cent.	10 cent.
4 Nombre d'aiguilles à enlever pour chaque numéro de bas	156 aig.	150 aig.	146 aig.	146 aig.	146 aig.	146 aig.	134 aig.	124 aig.	114 aig.	104 aig.	92 aig.	80 aig.
5 Nombre des diminutions	39 dimin.	38 dimin.	37 dimin.	37 dimin.	37 dimin.	37 dimin.	34 dimin.	31 dimin.	29 dimin.	26 dimin.	23 dimin.	20 dimin.
6 Diminutions par 4 aiguilles ou mailles à la fois	5 fois 3 tours 15 15 » 2 » 30 19 » 1 » 19 Tours 64	5 fois 3 tours 15 14 » 2 » 28 19 » 1 » 19 Tours 62	5 fois 3 tours 15 13 » 2 » 26 19 » 1 » 19 Tours 60	5 fois 3 tours 15 13 » 2 » 26 19 » 1 » 19 Tours 60	5 fois 3 tours 15 13 » 2 » 26 19 » 1 » 19 Tours 60	5 fois 3 tours 15 13 » 2 » 26 19 » 1 » 19 Tours 60	5 fois 3 tours 15 12 » 2 » 24 17 » 1 » 17 Tours 56	5 fois 3 tours 15 11 » 2 » 22 15 » 1 » 15 Tours 52	5 fois 3 tours 15 10 » 2 » 20 14 » 1 » 14 Tours 49	5 fois 3 tours 15 8 » 2 » 16 13 » 1 » 13 Tours 44	5 fois 3 tours 15 6 » 2 » 12 12 » 1 » 12 Tours 39	5 fois 3 tours 15 5 » 2 » 10 10 » 1 » 10 Tours 35
7 Nombre des diminutions	20 dimin.	20 dimin.	19 dimin.	19 dimin.	19 dimin.	19 dimin.	18 dimin.	16 dimin.	15 dimin.	14 dimin.	12 dimin.	10 dimin.
8 Diminutions par 8 aiguilles ou mailles à la fois	2 fois 6 tours 12 2 » 5 » 10 3 » 4 » 12 4 » 3 » 12 5 » 2 » 10 4 » 1 » 4 Tours 60	2 fois 6 tours 12 2 » 5 » 10 2 » 4 » 8 4 » 3 » 12 5 » 2 » 10 5 » 1 » 5 Tours 57	2 fois 6 tours 12 2 » 5 » 10 2 » 4 » 8 4 » 3 » 12 5 » 2 » 10 4 » 1 » 4 Tours 56	2 fois 6 tours 12 2 » 5 » 10 2 » 4 » 8 4 » 3 » 12 5 » 2 » 10 4 » 1 » 4 Tours 56	2 fois 6 tours 12 2 » 5 » 10 2 » 4 » 8 4 » 3 » 12 5 » 2 » 10 4 » 1 » 4 Tours 56	2 fois 6 tours 12 2 » 5 » 10 2 » 4 » 8 4 » 3 » 12 5 » 2 » 10 4 » 1 » 4 Tours 56	2 fois 6 tours 12 2 » 5 » 10 2 » 4 » 8 4 » 3 » 12 4 » 2 » 8 4 » 1 » 4 Tours 54	2 fois 6 tours 12 2 » 5 » 10 2 » 4 » 8 3 » 3 » 9 4 » 2 » 8 3 » 1 » 3 Tours 50	2 fois 6 tours 12 2 » 5 » 10 2 » 4 » 8 2 » 3 » 6 4 » 2 » 8 3 » 1 » 3 Tours 47	2 fois 6 tours 12 2 » 5 » 10 2 » 4 » 8 2 » 3 » 6 3 » 2 » 6 3 » 1 » 3 Tours 45	2 fois 6 tours 12 1 » 5 » 5 2 » 4 » 8 2 » 3 » 6 3 » 2 » 6 2 » 1 » 2 Tours 39	2 fois 6 tours 12 1 » 5 » 5 2 » 4 » 8 1 » 3 » 3 2 » 2 » 4 2 » 1 » 2 Tours 34
9 Nombre des diminutions	14 dimin.	14 dimin.	13 dimin.	13 dimin.	13 dimin.	13 dimin.	12 dimin.	11 dimin.	10 dimin.	9 dimin.	8 dimin.	7 dimin.
10 Diminutions par 12 aiguilles ou mailles à la fois	3 fois 6 tours 18 3 » 5 » 15 2 » 4 » 8 2 » 3 » 6 2 » 2 » 4 2 » 1 » 2 Tours 53	3 fois 6 tours 18 3 » 5 » 15 2 » 4 » 8 1 » 3 » 3 2 » 2 » 4 3 » 1 » 3 Tours 51	3 fois 6 tours 18 3 » 5 » 15 2 » 4 » 8 1 » 3 » 3 2 » 2 » 4 2 » 1 » 2 Tours 50	3 fois 6 tours 18 3 » 5 » 15 2 » 4 » 8 1 » 3 » 3 2 » 2 » 4 2 » 1 » 2 Tours 50	3 fois 6 tours 18 3 » 5 » 15 2 » 4 » 8 1 » 3 » 3 2 » 2 » 4 2 » 1 » 2 Tours 50	3 fois 6 tours 18 3 » 5 » 15 2 » 4 » 8 1 » 3 » 3 2 » 2 » 4 2 » 1 » 2 Tours 50	3 fois 6 tours 18 3 » 5 » 15 2 » 4 » 8 1 » 3 » 3 1 » 2 » 2 2 » 1 » 2 Tours 48	3 fois 6 tours 18 3 » 5 » 15 1 » 4 » 4 1 » 3 » 3 2 » 2 » 4 1 » 1 » 1 Tours 45	3 fois 6 tours 18 2 » 5 » 10 1 » 4 » 4 2 » 3 » 6 1 » 2 » 2 1 » 1 » 1 Tours 41	3 fois 6 tours 18 2 » 5 » 10 1 » 4 » 4 1 » 3 » 3 1 » 2 » 2 1 » 1 » 1 Tours 38	3 fois 6 tours 18 1 » 5 » 5 1 » 4 » 4 1 » 3 » 3 1 » 2 » 2 1 » 1 » 1 Tours 33	2 fois 6 tours 12 1 » 5 » 5 1 » 4 » 4 1 » 3 » 3 1 » 2 » 2 1 » 1 » 1 Tours 27

N° 6 [illegible]

NOTA. — Les diminutions par 12 aiguilles ou mailles à la fois se font en moitié moins de temps que par 4 et 8 aiguilles ou mailles et la pointe est bien plus belle (2e partie, art. 10.)

N° 14

CYLINDRES DE 240 AIGUILLES OU MAILLES

TABLEAU SYNOPTIQUE DES PROPORTIONS A OBSERVER

Pour la fabrication des Pointes de bas et chaussettes par la Tricoteuse universelle de J.-P. M. ou à la main, en suivant les diminutions par 4, 8, 12 aiguilles ou mailles

1	2			3			4			5		
1 CATÉGORIES DE PIEDS	HOMMES			FEMMES & CADETS			FILLETTES & CADETS DE 7 A 14 ANS			ENFANTS DE 1 A 6 ANS		
2 Numéros de bas par catégorie	nº 1 extra	nº 2 moyen	nº 3 petit	nº 1 extra	nº 2 moyen	nº 3 petit	nº 1 extra	nº 2 moyen	nº 3 petit	nº 1 extra	nº 2 moyen	nº 3 petit
3 Longueur des pieds	30 cent.	28 cent.	26 cent.	24 cent.	22 cent.	20 cent.	18 cent.	17 cent.	16 cent.	14 cent.	12 cent.	10 cent.
4 Nombre d'aiguilles à enlever pour chaque numéro de bas	180 aig.	182 aig.	178 aig.	174 aig.	174 aig.	174 aig.	160 aig.	148 aig.	136 aig.	124 aig.	112 aig.	96 aig.
5 Nombre des diminutions	47 dimin.	46 dimin.	45 dimin.	44 dimin.	44 dimin.	44 dimin.	41 dimin.	38 dimin.	35 dimin.	32 dimin.	29 dimin.	25 dimin.
6 Diminutions par 4 aiguilles ou mailles à la fois	7 fois 3 tours 21 10 » 2 » 20 30 » 1 » 30 Tours 71	6 fois 3 tours 18 10 » 2 » 20 30 » 1 » 30 Tours 68	5 fois 3 tours 15 10 » 2 » 20 30 » 1 » 30 Tours 65	4 fois 3 tours 12 10 » 2 » 20 30 » 1 » 30 Tours 62	4 fois 3 tours 12 10 » 2 » 20 30 » 1 » 30 Tours 62	4 fois 3 tours 12 10 » 2 » 20 30 » 1 » 30 Tours 62	4 fois 3 tours 12 9 » 2 » 18 28 » 1 » 28 Tours 58	4 fois 3 tours 12 8 » 2 » 16 26 » 1 » 26 Tours 54	4 fois 3 tours 12 7 » 2 » 14 24 » 1 » 24 Tours 50	4 fois 3 tours 12 6 » 2 » 12 22 » 1 » 22 Tours 46	4 fois 3 tours 12 5 » 2 » 10 20 » 1 » 20 Tours 42	4 fois 3 tours 12 4 » 2 » 8 17 » 1 » 17 Tours 37
7 Nombre des diminutions	24 dimin.	23 dimin.	23 dimin.	22 dimin.	22 dimin.	22 dimin.	21 dimin.	19 dimin.	18 dimin.	16 dimin.	15 dimin.	13 dimin.
8 Diminutions par 8 aiguilles ou mailles à la fois	2 fois 6 tours 12 2 » 5 » 10 4 » 4 » 16 4 » 3 » 12 6 » 2 » 12 6 » 1 » 6 Tours 68	2 fois 6 tours 12 1 » 5 » 5 4 » 4 » 16 4 » 3 » 12 6 » 2 » 12 6 » 1 » 6 Tours 63	2 fois 6 tours 12 1 » 5 » 5 3 » 4 » 12 4 » 3 » 12 6 » 2 » 12 7 » 1 » 7 Tours 60	2 fois 6 tours 12 1 » 5 » 5 3 » 4 » 12 3 » 3 » 9 6 » 2 » 12 7 » 1 » 7 Tours 57	2 fois 6 tours 12 1 » 5 » 5 3 » 4 » 12 3 » 3 » 9 6 » 2 » 12 7 » 1 » 7 Tours 57	2 fois 6 tours 12 1 » 5 » 5 3 » 4 » 12 3 » 3 » 9 6 » 2 » 12 7 » 1 » 7 Tours 57	2 fois 6 tours 12 1 » 5 » 5 3 » 4 » 12 3 » 3 » 9 5 » 2 » 10 7 » 1 » 7 Tours 55	2 fois 6 tours 12 1 » 5 » 5 3 » 4 » 12 3 » 3 » 9 4 » 2 » 8 6 » 1 » 6 Tours 52	2 fois 6 tours 12 1 » 5 » 5 3 » 4 » 12 2 » 3 » 6 4 » 2 » 8 6 » 1 » 6 Tours 49	2 fois 6 tours 12 1 » 5 » 5 3 » 4 » 12 2 » 3 » 6 3 » 2 » 6 5 » 1 » 5 Tours 46	2 fois 6 tours 12 1 » 5 » 5 2 » 4 » 8 2 » 3 » 6 3 » 2 » 6 5 » 1 » 5 Tours 42	2 fois 6 tours 12 1 » 5 » 5 1 » 4 » 4 2 » 3 » 6 2 » 2 » 4 5 » 1 » 5 Tours 36
9 Nombre des diminutions	16 dimin.	16 dimin.	16 dimin.	15 dimin.	15 dimin.	15 dimin.	14 dimin.	13 dimin.	12 dimin.	11 dimin.	10 dimin.	9 dimin.
10 Diminutions par 12 aiguilles ou mailles à la fois	3 fois 6 tours 18 3 » 5 » 15 3 » 4 » 12 3 » 3 » 9 2 » 2 » 4 2 » 1 » 2 Tours 60	3 fois 6 tours 18 3 » 5 » 15 2 » 4 » 8 3 » 3 » 9 2 » 2 » 4 3 » 1 » 3 Tours 57	3 fois 6 tours 18 2 » 5 » 10 2 » 4 » 8 3 » 3 » 9 3 » 2 » 6 3 » 1 » 3 Tours 54	3 fois 6 tours 18 2 » 5 » 10 2 » 4 » 8 2 » 3 » 6 3 » 2 » 6 3 » 1 » 3 Tours 51	3 fois 6 tours 18 2 » 5 » 10 2 » 4 » 8 2 » 3 » 6 3 » 2 » 6 3 » 1 » 3 Tours 51	3 fois 6 tours 18 2 » 5 » 10 2 » 4 » 8 2 » 3 » 6 3 » 2 » 6 3 » 1 » 3 Tours 51	3 fois 6 tours 18 2 » 5 » 10 2 » 4 » 8 2 » 3 » 6 2 » 2 » 4 3 » 1 » 3 Tours 49	2 fois 6 tours 12 2 » 5 » 10 2 » 4 » 8 2 » 3 » 6 3 » 2 » 6 2 » 1 » 2 Tours 44	2 fois 6 tours 12 2 » 5 » 10 1 » 4 » 4 2 » 3 » 6 3 » 2 » 6 2 » 1 » 2 Tours 40	2 fois 6 tours 12 2 » 5 » 10 1 » 4 » 4 1 » 3 » 3 2 » 2 » 4 3 » 1 » 3 Tours 36	2 fois 6 tours 12 1 » 5 » 5 1 » 4 » 4 1 » 3 » 3 3 » 2 » 6 2 » 1 » 2 Tours 32	1 fois 6 tours 6 1 » 5 » 5 1 » 4 » 4 2 » 3 » 6 2 » 2 » 4 2 » 1 » 2 Tours 27

N° 7 Le tableau de proportions de fabrication s'emploie avec celui-ci (3e partie art. 3).

NOTA. — Les diminutions par 12 aiguilles ou mailles à la fois se font en moitié moins de temps que par 4 et 8 aiguilles ou mailles et la pointe est bien plus belle (2e partie art. 18.)

DIMINUTIONS ET AUGMENTATIONS DES POINTES RONDES

dites à LA FRANÇAISE pour Bas et Chaussettes tricotées cylindriquement

N° 15

1 INDICATIONS DES CYLINDRES	2 NOMBRE TOTAL des aiguilles avec lesquelles on tricote la pointe	3 NOMBRE d'aiguilles à lever de chaque côté une à une à la fois	4 NOMBRE de tours à faire un à un au fur et à mesure du lèvement des aiguilles une à une	5 NOMBRE d'aiguilles à baisser de chaque coté une à une à la fois	6 NOMBRE de tours à faire un à un au fur et à mesure du baissement des aiguilles une à une	7 NOMBRE de tours à faire en sus pour être défaits en faisant le remaillage	8 NOMBRE TOTAL de tours à faire pour la pointe ronde
Cylindre n° 1 de 72 aig.	36 aiguilles	de chaque côté 13 aiguilles	26 tours	de chaque côté 13 aiguilles	26 tours	2 tours	54 tours
» n° 2 de 100	50 »	18 »	36 »	18 »	36 »	2 »	74 »
» n° 3 de 130	65 »	23 »	46 »	23 »	46 »	2 »	94 »
» n° 4 de 160	80 »	28 »	56 »	28 »	56 »	2 »	114 »
» n° 5 de 180	90 »	32 »	64 »	32 »	64 »	2 »	130 »
» n° 6 de 200	100 »	36 »	72 »	36 »	72 »	2 »	146 »
» n° 7 de 240	120 »	43 »	86 »	43 »	86 »	2 »	174 »

NOTA. — La pointe ronde étant très longue à faire avec les cylindres de 160, 180, 200 et 240 aiguilles, on doit de préférence faire les autres genres de pointes quand on emploie ces cylindres. Nous les donnons parce que ce genre de tricot sert à d'autres travaux que la pointe de bas ou de chaussettes. Ce tricot s'emploie pour les Bourses, les Blagues à Tabac, sacs de luxe, etc. (3e partie, art. 4).

DIMINUTIONS PAR 2, 4 ET 8 AIGUILLES OU MAILLES A LA FOIS

Des pointes dites ANGLAISES, de Bas et Chaussettes tricotés cylindriquement en les finissant par 2 aiguilles ou mailles avec fil au bout, comme cela se fait à la main.

N° 16

1	2	3	4	5	6	7	8
Pour tous les tricots faits cylindriquement on ne peut commencer les 4 premières diminutions que par 2 aiguilles à la fois soit 1 fois à droite et 1 fois à gauche. Les 10 diminutions suivantes se font par 4 aiguilles à la fois, soit 2 aiguilles de chaque coté; le reste des diminutions se fait par 8, 4 ou 2 aiguilles.	CYLINDRE N° 1 de 72 aiguilles 70 aig. à enlever pour finir la pointe	CYLINDRE N° 2 de 100 aiguilles 98 aig. à enlever pour finir la pointe	CYLINDRE N° 3 de 130 aiguilles 128 aig. à enlever pour finir la pointe	CYLINDRE N° 4 de 160 aiguilles 158 aig. à enlever pour finir la pointe	CYLINDRE N° 5 de 180 aiguilles 178 aig. à enlever pour finir la pointe	CYLINDRE N° 6 de 200 aiguilles 198 aig. à enlever pour finir la pointe	CYLINDRE N° 7 de 240 aiguilles 238 aig. à enlever pour finir la pointe
	17 diminutions	22 diminutions	26 diminutions	29 diminutions	31 diminutions	34 diminutions	39 diminutions
	8 fois 3 tours 24	8 fois 3 tours 24	10 fois 3 tours 30	13 fois 3 tours 39	18 fois 3 tours 54	21 fois 3 tours 63	20 fois 3 tours 60
	6 » 2 » 12	8 » 2 » 16	10 » 2 » 20	13 » 2 » 26	11 » 2 » 22	11 » 2 » 22	13 » 2 » 26
	3 » 1 » 3	6 » 1 » 6	6 » 1 » 6	3 » 1 » 3	2 » 1 » 2	2 » 1 » 2	6 » 1 » 6
	Tours 39	Tours 46	Tours 56	Tours 68	Tours 78	Tours 87	Tours 92

NOTA. — Le mode de diminutions de la pointe du bas fait cylindriquement amenant un plus grand nombre de tours dans la pointe que celui du bas tricoté à plat on doit tricoté en moins pour le pied le nombre de tours que l'on a à tricoter en plus pour la pointe, (3e partie, art. 5).

DEMANDEZ LA TRICOTEUSE UNIVERSELLE DE J.-P. M.

Chez tous les principaux marchands
de machines à coudre et merciers de toutes les villes
de France et de l'étranger

PRINCIPALE AGENCE

PRIX-COURANT

de la TRICOTEUSE UNIVERSELLE de J.-P. M. avec tous ses accessoires et les sept cylindres dont les prix se divisent comme suit :

Prix de chaque machine avec un seul cylindre

						Francs
1	cylindre de	72	aiguilles, avec	78	aiguilles.	200
1	» »	100	» »	106	»	225
1	» »	130	» »	136	»	250
1	» »	160	» »	166	»	275
1	» »	180	» »	186	»	300

							Francs
1	»	» 200	»	» 206	»	. . . .	325
1	»	» 240	»	» 246	»	. . . .	350

Prix de chaque machine avec deux cylindres de 72 à 240 aiguilles

2 Cylindres un de 72 et un de 100 aiguilles, soit 2 jeux d'aiguilles, grosses et moyennes.	avec 184 aiguilles .	250
2 Cylindres un de 72 et un de 130 aiguilles, soit 2 jeux d'aiguilles, grosses et moyennes.	— 214 — .	275
2 Cylindres un de 72 et un de 160 aiguilles, soit 2 jeux d'aig. grosses moyennes ou fines.	— 244 — .	300
2 Cylindres un de 72 et un de 180 aiguilles, soit 2 jeux d'aiguilles, grosses et fines. . .	— 264 — .	325
2 Cylindres un de 72 et un de 200 aiguilles, soit 2 jeux d'aiguilles grosses et fines . .	— 284 — .	350
2 Cylindres un de 72 et un de 240 aiguilles, soit 2 jeux d'aiguilles, grosses et fines . .	— 324 — .	375

Prix de chaque machine avec deux cylindres de 100 à 240 aiguilles.

2 Cylindres un de 100 et un de 130 aiguilles, soit 2 jeux d'aiguilles, grosses et moyennes.	avec 142 aiguilles .	275
2 Cylindres un de 100 et un de 160 aiguilles, soit 1 jeu d'aiguilles moyennes	— 172 — .	290
2 Cylindres un de 100 et un de 160 aiguilles, soit 2 jeux d'aiguilles moyennes et fines. .	— 272 — .	330
2 Cylindres un de 100 et un de 180 aiguilles, soit 2 jeux d'aiguilles, moyennes et fines. .	— 292 — .	345
2 Cylindres un de 100 et un de 200 aiguilles, soit 2 jeux d'aiguilles, moyennes et fines. .	— 312 — .	360
2 Cylindres, un de 100 et un de 240 aiguilles, soit 2 jeux d'aiguilles, moyennes et fines. .	— 352 — .	385

Prix de chaque machine avec deux cylindres de 130 à 240 aiguilles.

2 Cylindres, un de 130 et un de 160 aiguilles, soit 1 jeu d'aiguilles moyennes.	avec 172 aiguilles .	305
2 Cylindres, un de 130 et un de 160 aiguilles, soit 2 jeux d'aiguilles moyennes et fines. .	— 302 — .	355
2 Cylindres, un de 130 et un de 180 aiguilles, soit 2 jeux d'aiguilles, moyennes et fines. .	— 322 — .	370
2 Cylindres, un de 130 et un de 200 aiguilles, soit 2 jeux d'aiguilles moyennes et fines. .	-- 342 -- .	385

Francs

2 Cylindres, un de 130 et un de 240 aiguilles,
soit 2 jeux d'aiguilles moyennes et fines . . -- 382 -- . 410

Prix de chaque machine avec deux cylindres de 160 à 240 aiguilles.

2 Cylindres, un de 160 et un de 180 aiguilles,
soit 1 jeu d'aiguilles fines . . . . . . avec 192 aiguilles . 335
2 Cylindres un de 160 et un de 200 aiguilles,
soit 1 jeu d'aiguilles fines. . . . . . . -- 212 -- . 345
2 Cylindres un de 160 et un de 240 aiguilles,
soit 1 jeu d'aiguilles fines. . . . . . . -- 252 -- . 370

Prix des machines de 1 à 7 cylindres de 72 à 240 aiguilles.

1 Cylindre de 72 aiguilles, 1 jeu d'aiguilles, avec 78 aiguilles . . . 200
2 » un de 72 et un de 100 aiguilles, 2 jeux d'aiguilles grosses et moyennes avec 184 aiguilles. 250
3 Cylindres un de 72, 100 et 130 aiguilles, 2 jeux d'aiguilles, grosses et moyennes, avec 220 aiguilles. 300
4 Cylindres, un de 72, 100, 130 et 160 aiguilles, 2 jeux d'aiguilles, grosses et moyennes, avec 256 aiguilles. 355
4 Cylindres, un de 72, 100, 130 et 160 aiguilles, 3 jeux d'aiguilles, grosses, moyennes et fines, avec 386 aiguilles 420
5 Cylindres, un de 72, 100, 130, 160 et 180 aiguilles, 3 jeux d'aiguilles grosses, moyennes et fines avec 412 aiguilles 480
6 Cylindres, un de 72, 100, 130, 160, 180 et 200 aiguilles, 3 jeux d'aiguilles, grosses, moyennes et fines avec 438 aiguilles. 540
7 Cylindres, un de 72, 100, 130, 160, 180, 200 et 240 aiguilles, 3 jeux d'aiguilles, gros, moyen et fin, avec 484 aiguilles. 620

Les machines de luxe, argentées pour Familles, se payent 25 fr. en plus

Prix des Cylindres sans aiguilles, en supplément de la machine

Le Cylindre de	72 aig.	pour emploi de la laine extra grosse et le coton		.	25
Le »	100 »	»	» moyenne et coton	, . ,	30
Le »	130 »	»	» plus fine et coton moyen	,	35
Le »	160 »	»	plus fine, fil coton anglais fleuret		40
Le »	180 »	»	plus fine, » » fleuret soie		45
Le »	200 »	»	extra » » » » »		50
Le »	240 »	»	extra plus fin » » »		60

Prix des objets divers demandés en suplément

Roquet	la douzaine	6 fr,
Aiguilles grosses, moyennes ou fines	la douzaine	5
Tables pour chaque machine		de 25 à 30
Emballage pour chaque machine		5
Manuel du Tricot, Instruction pour tricoter à la main et au métier,	broché	5
» » » » » »	relié	6
Machine sans cylindres ni aiguilles		175 fr.

Note des accessoires qui suivent chaque machine
On donne gratuitement :

1 Fourchette des fils.
1 Dévidoir.
1 Rouet,
3 Roquets en bois,
1 Entonnoir en laiton,
1 Broche percée pour créer la maille
1 Support à boucle,
1 Support des poids,
De 1 à 3 poids,
1 Crochet à mailles,
2 Arrêts pour la machine.
1 Tourne-vis.
1 Burette.
1 Étui en carton pour la machine.
1 Flacon d'huile,
1 Échantillon de tricotage,
6 Aiguilles en supplément pour chaque cylindre,
1 Manuel de tricot à Instruction. illustré et orné et de 30 photographies et 44 gravures; contenant 68 articles divers, pour fabriquer le tricot, suivant les 273 tableaux de proportions

AVIS

Le tarif détaillé que nous venons d'établir a pour base de mettre nos acheteurs à même de choisir les cylindres qu'ils désirent avec chaque machine.

Les sept cylindres qui sont établis pour la *Tricoteuse universelle* J.-P. M. ont été faits pour produire le tricot depuis le plus grossier jusqu'au plus fin.

La totalité des cylindres avec une seule machine convient aux personnes qui veulent fabriquer pour le commerce.

La machine dite *de famille* se complète généralement avec deux ou trois cylindres, et l'acheteur a la facilité de choisir dans la série des sept cylindres la grosseur et la finesse de mailles qui lui conviennent.

Pour que les familles et les fabricants de bonneterie puissent bien apprécier la valeur de notre *Tricoteuse universelle* J.-P. M., il est indispensable de lire à l'avance le Manuel du tricot; les lecteurs jugeront par eux-mêmes de l'importance du travail.

Il sera tenu compte aux clients du prix du *Manuel* acheté avant la machine.

TABLES DES MATIÈRES

INSTRUCTION

DE LA TRICOTEUSE UNIVERSELLE DE J.-P. M.

PREMIÈRE PARTIE

MÉCANIQUE. — DESCRIPTION & EMPLOI DES PIÈCES DE LA MACHINE

DEUXIÈME PARTIE

MANUEL DE LA FABRICATION DU TRICOT, MISE A LA PORTÉE DE TOUT LE MONDE

FIN DE POINTES DE BAS OU DE CHAUSSETTES

BAS DE LUXE

VÊTEMENTS, CHAUSSURES, ETC.

TROISIÈME PARTIE

BARÊME DES PROPORTIONS POUR LA FABRICATION DU TRICOT A LA MAIN OU AU MÉTIER

FIN DE LA TABLE DES MATIÈRES

TABLE DES GRAVURES

FIN DE LA TABLE DES GRAVURES

LYON. — IMPRIMERIE DE P. BRUNELLIÈRE, RUE SAINT-DOMINIQUE, 8

www.ingramcontent.com/pod-product-compliance
Ingram Content Group UK Ltd.
Pitfield, Milton Keynes, MK11 3LW, UK
UKHW022021170726
13837UKWH00001B/315